DE FLANDRE

EN NAVARRE

ETIENNE DURAND

(H. VERLY)

DE FLANDRE

EN NAVARRE

Notes d'un Bourgeois de Lille

LILLE,

IMPRIMERIE LELEUX, GRANDE-PLACE, 8,

1875

DE FLANDRE EN NAVARRE

Le 15 juillet 1875, à six heures du matin, dans la salle des Pas-Perdus de la gare de Lille, un vieux bonhomme ventru, rougeaud, haletant, mains et bras encombrés de paquets, valises, chapelières, couvertures, manteaux, cannes et parapluies, s'arrachait péniblement aux étreintes larmoyantes d'une grande femme maigre, en cornette blanche, dont les longues mains crochues s'empressaient de le retenir par la manche quand il avait réussi à dégager son pan d'habit.

C'était M. Durand, Etienne, bourgeois de Lille, qui partait à la découverte des Pyrénées, et que dame Catherine, sa ménagère fidèle et désolée, tentait en vain d'arrêter dès ses premiers pas dans le chemin de la gloire.

En chemin de fer.

Il pleut.

Mes plus intimes amis s'étaient efforcés de me détourner de ce voyage. Ils m'avaient fait un tableau lamentable des phénomènes atmosphériques dont le midi est le théâtre : La pluie y est incessante, disaient-ils, et la neige tombe dans les montagnes comme au mois de janvier ; vous ne pourrez rien voir, vous gagnerez le coup de la mort, et votre cadavre, bloqué par les inondations, n'aura même point la satisfaction de reposer en terre flamande. — Bon ! leur ai-je répondu, s'il a fait si mauvais jusqu'à présent, j'ai d'autant plus de chances d'arriver pour le beau temps.

Et me voilà en route.

Douai. — Il pleut.

Arras.—La pluie augmente. Le train

semble servir de cible d'exercice à toute la phalange bienheureuse des pompiers célestes. Tout est noyé dans un nuage gris et lourd qui pèse sur la campagne gorgée d'eau comme un cauchemar sur l'estomac d'un ivrogne. On ne distingue rien au-delà des poteaux du télégraphe, si ce n'est de temps en temps un peuplier qui passe subrepticement avec la majesté d'un tambour-major surpris par un orage.

Longueau. — Le déluge continue. Je m'étais toujours laissé dire que Jehova avait promis à Noé de ne plus mettre les humains au régime des amphibies : Jehovah a des distractions, ou bien il est occupé ailleurs.

Clermont. — Un voyageur laisse entendre un rire amer, tant l'étymologie de ce nom charmant lui semble une lugubre mystification. La voix du chef de train détonne comme un tambour mouillé ; il faut le croire sur parole, car on n'y voit goutte.

Creil. — Voici l'Oise aux bords riants... à ce qu'assurent les vieux auteurs. Nous nageons entre deux eaux.

Chantilly. — Tout est ruisselant et maussade, la route, la forêt et jusqu'au bon gendarme qui, du fond de la gare, fixe sur le train l'œil de la justice.

Que c'est triste, la pluie! Cette campagne où les pauvres brins de gazon étouffent dans la bourbe, ces rameaux qui pendent languissamment, assommés par l'averse brutale, ces feuilles encore vivantes que la rafale arrache et roule maculées dans le ruisseau boueux, ces larmes qui sans cesse coulent en silence le long de la vitre trouble... C'est vraiment l'image de la détresse. Cette impression pénètre dans le wagon avec l'humidité : les visages sont sinistres.

Paris.— Les quatre points cardinaux se ressemblent comme un croque-mort ressemble à un autre croque-mort; le zénith pleure à chaudes larmes; la plus belle ville du monde est comme enveloppée d'un suaire... De funèbres pressentiments m'oppressent... Allons déjeuner !

Sur le boulevard, après déjeuner.

Mon Dieu, il n'est rien qui n'ait sa poésie. La pluie a la sienne, après tout, et les gens moroses qui restent chez eux à attendre le soleil, biffent de leurs propres mains la moitié du programme de leur existence et se condamnent à ne considérer les choses que par un côté, toujours le même, ce qui est insipide. Vous figurez-vous un visage qui rirait toujours, une clarinette jouant incessamment le même air, un avocat répétant sans cesse la même phrase ? Il faudrait dormir ou mourir. Non, si le bonheur n'est pas dans l'inconstance, comme l'assure un refrain du bon vieux temps, du moins, il ne se faut point formaliser du conseil, car les contrastes font la saveur de toute chose. C'est l'ombre qui fait valoir la lumière, c'est l'appétit qui fait manger ; la canicule fait désirer la pluie fraîche, et sans hiver pas de bon été.

Vous n'avez peut-être jamais remarqué le charme mystérieux que la pluie prête au paysage ? La brume adoucit ce que le premier plan peut avoir de heurté, enveloppe les lointains d'un glacis transparent, fond les couleurs et harmonise les ensembles. Non, on n'apprécie pas assez la pluie.

En ce moment, c'est grâce à la pluie qui délaie le macadam, que je prends mes notes sans être incommodé par le bruit des voitures, et sans que la poussière trouble le noir cristal de ma demi tasse. Grâce à elle, dès que je lève le nez, je vois sous les jupes re-troussées de jolis pieds jusqu'à la che-ville, parfois même jusqu'au mollet. La pluie a du bon, vous dis-je.

Gare d'Orléans.

Un penseur hippophile a défini Pa-ris «le paradis des femmes et l'enfer des chevaux.»Je n'ai rien à dire contre le premier terme de cet aphorisme, qui ne me regarde point ; mais je proteste contre le second. J'ai pu constater par la méthode expérimentale que la plus noble conquête de l'homme y jouit d'une indépendance d'allures que les journalistes seraient en droit de lui envier. Les automédons en chapeau de cuir que j'ai eu l'occasion de fréquenter pendant mes neuf heures de séjour, se sont montrés à l'égard de leurs subordonnés quadrupèdes, d'une mansuétude dont feu Grammont aurait pu s'honorer. C'est édifiant, mais dispendieux pour la clientèle. Cette débauche d'humanité laisse pressentir l'avènement prochain de la vapeur: nous sommes encore à l'enfance de la civilisation et les Parisiens du XXe siècle verront figurer le vulgaire fouet aux Expositions rétrospectives. Par bonheur, j'avais pris mon temps ; je n'ai pas manqué le train.

Nous sommes quatre dans le compartiment: chacun son coin, la modeste ambition de tout noctambule en chemin de fer. Outre mon compagnon de voyage et moi, c'est une jeune dame à destination de Guéret, qui se déshabille *coram populo* pour s'installer sur sa banquette comme dans son lit, sans songer, l'imprudente, aux indiscrétions des cahos d'un train express ; c'est ensuite un vieil officier de cavalerie qui disserte tout haut, à la portière, contre l'outrecuidance de la Compagnie, qui lui a taxé comme supplément de bagages dix-neuf ballots de harnachements qu'il est chargé de conduire à son régiment en garnison à Limoges.

Un coup de collier de la machine, et nous voilà partis. La dame de Guéret s'est décoiffée et déchaussée, elle a prestement tiré son corset après avoir lâché les attaches de ses jupes : elle est au lit. Le commandant de Limoges s'est rengaîné dans son coin où il poursuit son monologue. Il pleut toujours.

En chemin de fer.

En temps ordinaire, nous en aurions encore pour une bonne heure de jour, mais le ciel est si bien capitonné de nuages gris qu'il fait déjà nuit. Aux Aubrais, je devine la Loire au retentissement inusité de notre ferraille qui révèle un interminable pont, mais je ne puis la voir : il fait noir comme dans une soute au charbon. Les yeux ne servent donc de rien pour le moment : remettons dans l'étui ces précieux instruments et laissons-nous bercer par le roulis du train jusqu'à ce qu'il plaise à Morphée de nous donner sa bénédiction.

Morphée se montre bon enfant: j'entrevois, à travers un brouillard significatif, ma maison de Lille, ma chambre propre et déserte, Catherine en pleurs buvant du café pour se donner du cœur dans sa cuisine solitaire.... Ces visions se confondent et s'évanouiseent.... Je m'affaisse et je....m'éveille en sursaut.

C'est l'indignation du commandant qui vient d'éprouver une crise subite.

— Sacrebleu ! Est-ce que ces clampins-là se figurent que c'est pour m'amuser que je change de garnison !... Comme si ces harnachements étaient à moi !..: Après çà, ils les ont peut-être pris pour des robes de bal, les brutes !

. . . .

Au diable, le grognard !

Je me retourne en rabattant sur mes oreilles mon bonnet de voyage.

. . . .

A Châteauroux, je risque un œil. Le spectacle en vaut la peine. Mon compagnon gît les genoux en l'air et la tête enfouie dans un enfoncement du coussin. Le commandant ne bougonne plus : largement étalé, il dort, la bouche béante. La dame de Guéret a le sommeil agité : le manteau qui voilait son incognito a glissé sur les bottes du commandant et la montre affaissée dans une inexprimable confusion de robe, de linge et de jupons, d'où sort à demi une jambe étendue et tout à fait une épaule évadée du corsage dégrafté. La lanterne du wagon fait de ce tableau pittoresque un Rembrandt qui a sa saveur. Tout cela ronfle en conscience, soprano, baryton et basse. Nous ne sommes qu'à Châteauroux, que ce sera-ce donc à Limoges ?

Avant de quitter le Berry, envoyons une pensée à l'hôte illustre dont la lampe laborieuse luit, à .cette heure même, à travers les arbres, dans la solitude de Nohant, là-bas, à l'est, bien loin derrière la petite ville du Blanc. Salut donc au génie dont l'œuvre résume, à elle seule, le mouvement littéraire et philosophique de tout un demi-siècle d'Humanité, salut à la première plume de notre France, qui n'est pas de l'Académie française !

Limoges. Les voyageurs pour Guéret changent de voiture !

— Ah ! Mon Dieu !

— Hein ? Quoi ? Qu'est-ce ?

La dame effarée bondit sur ses pieds, met une agraffe pour l'autre, mêle ses cordons, se trompe de bottine, et se précipite, les cheveux dénoués, le corsage de travers, en traînant après elle une queue de jupons tombants dans lesquels elle trébuche.

Le commandant recommence sa litanie et réclame impétueusement le chef de gare :

— Je n'ai pas demandé à changer de garnison, moi, et morbleu ! je ne m'habille pas avec des harnais...

Le train file. Sa voix s'éteint dans l'éloignement.

La pluie a cessé. Le jour commence à poindre. Dans la brume matinale s'estompe un paysage qu'on dirait emprunté aux Ardennes. Suis-je entre Liége et Verviers ou entre le pays des émaux et celui des truffes ? A droite et à gauche, des coteaux boisés, des ravins à pic, d'étroites vallées où serpentent des ruisseaux rapides ; à l'arrière - plan, dans les échappées du brouillard, se profilent des collines plus hautes et plus massives. Puis commence la forêt qui va nous accompagner jusqu'à Périgueux, avec ses ondulations régulières qui de temps en temps laissent entrevoir au loin de grands sommets touffus. C'est comme un océan végétal, tantôt fu· taies, tantôt tallis ou fougères, qui étend à perte de vue ses vagues de verdure : la Thuringe succède aux Ar· dennes. Çà et là des hameaux que le chemin de fer est venu tirer de leur incognito séculaire, montrent au mi· lieu des arbres leurs masures pitto· resques et leur vieille église gothique; une tour fendue et vide, qui se penche sur un ravin buissonneux, un donjon ruiné qui découpe sur le gris horizon ses crénaux ébréchés, rappel· lent au passant qu'il traverse ici les entrailles de la vieille France, les pays de noblesse où florissaient les gentil· hommières.

La forêt s'éclaircit, se parsème de pâturages, et puis fait place aux cul· tures ; une route aux contours géo· métriques, égrenant de blanches mai· sonnettes sous sa correcte bordure de peupliers : la main des Ponts-et-Chaussées se trahit dans cette régula· rité, en même temps que l'approche d'une grande ville. Sur les bords des ruisseaux qui sillonnent les prés, s'é· battent des pâtés de foie gras en cours de fabrication; la locomotive les effa·

rouche : ils fuient gauchement en allongeant le cou et nous jettent le cri fameux qui jadis sauva le Capitole. Plus de doute, nous sommes à Périgueux.

En la capitale des Petrocoriens.

J'ignore totalement ce qu'était l'antique Vesone : il faut croire que César la trouva de son goût puisqu'il daigna la prendre ; ce que je puis assurer, c'est que si j'étais le moindrement poliorcète au lieu d'être un modeste bourgeois, je ne donnerais pas un fétu pour régner sur Périgueux. C'est une sorte de grand village de quelque vingt mille âmes, bâti comme au hasard sur le flanc d'une large colline qui s'abaisse en pente douce vers la gare et tombe, au contraire, en brusques ressauts dans la vallée de l'Isle, belle rivière qui contourne la ville du côté du sud. L'architecte inconnu qui en a tracé le plan, au temps jadis, s'est certainement inspiré de l'exemple d'un chat dévidant un échevau. Les rues, sales et sombres, tortueuses, irrégulières, étroites pour la plupart à en toucher les deux façades en étendant les bras, forment un labyrinthe fort bien réussi. Un peintre tirerait, sans doute, un merveilleux parti de ces ruelles où le soleil, arrivant de biais par l'étroit estuaire, produit d'éclatants contrastes de lumière chaude et d'ombre épaisse; de vieilles façades bizarres, aux poternes cintrées, aux fenêtres à grillage, des murs en ruine qui montrent dans la pénombre de leurs plaies béantes les vestiges d'un foyer autrefois opulent, aujourd'hui déserté par les pauvres eux-mêmes; un reste de sculpture ressortant d'un emplâtre de ciment, un balcon délabré, une ferrure antique, sont autant de motifs dont l'art s'emparerait et que le pinceau s'empresserait de poétiser. Mais le touriste a d'autres exigences : il voit les choses non pas embellies et groupées sur un panneau grand comme la main, mais telles qu'elles sont, de grandeur naturelle et dans le réalisme de leur délabrement. Pour ces raisons, comme je suis un simple touriste, mon lecteur ne se formalisera pas de me voir traduire par une formule concise

et péremptoire, fidèle reflet de la vi-
vacité de mes sentiments, mon opi-
nion d'ensemble sur la ville de Périgueux : « Bicoque. »

Cependant, même en dehors des sa-
voureux produits de son industrie,
tout n'est pas à mépriser dans la patrie de M. Magne. L'équilibriste subtil
qui a su pendant tant d'années tenir
debout les budgets de l'Empire malgré
les amputations qu'y pratiquait l'Em-
pereur, s'était donné la tâche presque
aussi malaisée de débrouiller sa ville
natale. Un certain nombre de démoli-
tions inachevées, d'alignements amor-
cés, témoignent de l'ambition de ses
anciens projets ; et l'on doit à son in-
tervention le percement d'une large
artère (la seule où les maisons n'aient
pas l'air de se parler à l'oreille) qui
mène de la gare au haut de la côte,
c'est à dire à la «grande place», trian-
gle fantaisiste où Bugeaud, Fénelon,
Daumesnil et Montaigne semblent
s'ennuyer à périr dans leurs vêtements de bronze.

De cette place on passe sans transi-
tion sur le cours de Toury où quelques
tours de promenade sous une belle
futaie et un coup-d'œil jeté sur la vallée que l'on domine à pic, dédomma-

gent un peu des déceptions précéden-
tes. L'œil est intrigué, là-haut, par
une agglomération de coupoles de
pierre dont les hémisphères grisâtres,
dépassant les toîts des maisons, font
songer aux grosses fourmilières que
se construisent, dit-on, les termites
de l'Afrique centrale. Parlons-en avec
respect, c'est la cathédrale.

En s'y rendant par le plus court
chemin, on passe devant la Loge
maçonnique, petit monument de style
oriental, surchargé d'emblêmes mystérieux sculptés dans la façade, qui
vient d'être construit dans un rudi-
ment de rue percé récemment en
face de l'église. Il paraît que les TT.·.
CC.·. FF.·. sont nombreux par ici et
qu'ils ne sont pas tous recrutés dans
les nouvelles couches sociales.

La cathédrale s'appelle Saint-Front.
Mais n'allez pas croire qu'il s'agisse
d'une partie du divin corps, mise en
concurrence avec le Sacré-Cœur, en attendant le Sacré-Ventre et l'Adorable-
Pied. Non, je me suis dûment fait expliquer par une chaisière érudite en la
matière que feu Front est un saint
parfaitement coté et ayant place légi-
time au calendrier. Le temple qui lui
est dédié serait digne d'un si grand

honneur, s'il n'était environné de ses
propres ruines et flanqué d'un clocher en retrait d'emploi qui se penche
d étonnement sur le nouvel édifice —
l'église est en voie de reconstruction
— pour observer les fourmilières ci-
dessus mentionnées. Le plus grand
mérite de ce monument baroque est,
m'a t-on assuré, d'être une imitation
lointaine de Saint - Marc de Venise,
suivant les uns, de Sainte-Sophie de
Constantinople, au dire des autres.
Mettons de tous deux, et n'en parlons
plus.

Le temps a marché pendant ces com-
mentaires. Nous descendons au pas
accéléré les ruelles en zig-zag qui
mènent au bas de la côte, pour jeter
un coup d'œil sur des vestiges d'Arè-
nes romaines à demi exhumées au
milieu d'un faubourg et déjà à peu
près réinhumées sous une végétation
parasite, — un indigène pousse l'obli-
geance jusqu'à m'indiquer du doigt «la
colline d'où César *bombarda* l'antique
Vesone », — et sur un curieux donjon
en assez bon état, dernier témoin des
luttes obstinées des francs-bourgeois
du moyen-âge contre les comtes de
Périgord; puis nous regagnons la gare
où, à notre tour, nous attaquons par

la mine et la sape les fortifications
feuilletées d'un pâté de foie gras. Grâce
à la victoire qui se prononce en notre
faveur, je puis emporter de Périgueux un souvenir suave.

Dieu ait pitié de nous ! je crois que
notre mécanicien vient d'être subite-
ment atteint d'aliénation mentale. Il
nous secoue comme des plombs dans
une bouteille, et notre train passe
comme la foudre sur un rebord qui
surplombe une vallée au fond de laquelle les noyers semblent des gou-
pillons et les maisons des joujoux à
treize sous. C'est ce qu'on appelle ici
la *Rampe des Eyzies*

Au reste, la venette n'exclut pas
l'admiration. Depuis une grande heure,
nous traversons un pays merveilleux.
Ce ne sont plus les Ardennes, ce n'est
plus la Thuringe : c'est la Suisse
saxonne, ce joyau égaré sur la triple
frontière de la Saxe, de la Silésie et de

la Bohême, dont les Allemands se montrent si vaniteux et si justement vaniteux. D'énormes collines aux flancs escarpés, tantôt verdoyants, tantôt couleur de rouille, surmontées de hautes crêtes rocheuses affectant les formes les plus fantastiques et les postures les plus fantasques, ont surgi de toute part. Elles se succèdent sans cesse, séparées par de profondes vallées ou par des étranglements sauvages. Ici, la voie file à mi-côte le long d'un astragale de la montagne, que la mine a élargie et dont des ponts vertigineux franchissent les cassures ; là, elle court étouffée entre deux versants où des roches écroulées, hésitant, on ne sait pourquoi, au milieu de leur chûte, se tiennent hors d'équilibre, on ne sait comment. C'est effrayant et superbe.

La rampe des Eyzies est l'un des passages scabreux du parcours : c'est mieux qu'un astragale, c'est une corniche. Pour franchir le Jura, entre Neufchâtel et Pontarlier, j'ai passé jadis par quelque chose de pareil ; mais, morbleu ! notre cheval de fer n'avait pas le mors aux dents. Il soufflait dur et marchait au pas. Mais il paraît que, suivant une tradition dont j'ai par la suite constaté la forte vitalité, notre train est en retard d'une demi-heure qu'il faut regagner pour ne pas manquer, à Agen, la correspondance de Bordeaux à Cette. Si l'on ne déraille pas, tant mieux pour les voyageurs : ils arriveront en temps; si l'on déraille, la Compagnie a la consolation de penser que, tout étant mis en purée, personne ne se présentera pour réclamer pension ni indemnité.

Rien à reprendre à un calcul aussi industrieux, mais je voudrais bien être arrivé.

Château d'Argentonnesse, près St-Cyprien.

Sauvés ! Fortune, je te promets un temple.... si la Compagnie d'Orléans veut se charger des frais.

C'est à Siorac que nous avons quitté le chemin de fer pour pénétrer pédestrement au cœur du Périgord. Siorac n'a rien d'une capitale : c'est un village qui n'offre d'autre particularité que d'avoir donné son nom à une fière lignée dont on voit encore, dépassant les toits de chaume, le grand château Louis XIV réduit aujourd'hui au rôle subalterne de capharnaum municipal. Allègres et dispos comme des gens en bons termes avec leur conscience et leur estomac, et qui viennent de bénéficier d'un miracle inespéré, le sac au dos, la canne à la main, nos bagages sur un char à trois roues tiré par deux bœufs jaunes — ni plus ni moins que la voiture de Pharamond, — nous nous sommes mis en chemin pour le castel, de gentil nom et renom, où l'hospitalité du bon vieux temps nous avait ménagé le vivre, le couvert et mieux encore. Un ruban de dix kilomètres à bobiner, et quel ruban ! Il se déroule en festons capricieux au pied des collines, dans la vallée de la Dordogne, dont il suit les bords après l'avoir franchie sur un beau pont de pierre orné, à sa maîtresse arche, d'une statue de la vierge Marie. Il paraît qu'on avait rebâti ce pont, je ne sais combien de fois, et que toujours il était emporté dès la première crue; dans ces derniers temps des personnes pieuses et avisées, soupçonnant la griffe du Malin dans ces plaisanteries inconvenantes, ont conçu l'excellente idée de reconstruire le pont en le plaçant sous la surveillance immédiate de la mère de Dieu, et depuis lors oncques l'édifice n'a bronché. Ce que c'est que d'avoir affaire à des fleuves orthodoxes !

Ces éclaircissements fournis, notre bouvier s'est livré tout à coup à une débauche de fouet. Et clic! et clac! sans compter le chœur des échos. C'était tout à la fois pour nous faire honneur et pour annoncer aux habitants de Saint-Cyprien l'approche de deux nobles étrangers. Deux d'un coup, l'événement valait bien une salve.

Joli bourg que Saint-Cyprien : il étage ses maisons proprettes en amphithéâtre sur un contrefort de la chaîne du Périgord, depuis la berge de la rivière jusqu'au pied même de la montagne. Sa blanche église se dresse au sommet du coteau comme un prêtre en surplis bénissant ses ouailles. Derrière, les hauts versants se relèvent, sillonnés de routes en lacets et de ruisseaux bavards. Ai-je dit un bourg ? J'ai eu tort, c'est une ville, une ville en miniature, mais une ville. Comment traiter de simple bourg un chef-lieu de canton qui a l'honneur de posséder dans ses six rues deux hôtels nobiliaires, une gendarmerie, cinq cafés, deux hôtelleries, des bains, un couvent, un juge-de-paix, deux médecins, un apothicaire, un photographe, un pâtissier, un liquoriste, un horloger, une modiste et divers autres éléments de haute civilisation ?

Tout cela est coquettement groupé; les maisons sont pimpantes, avec des vignes qui montent aux façades et des lianes qui descendent des fenêtres. Nous regardons en passant et l'on nous regarde passer : partant, quittes.

Un quart d'heure de marche, après les dernières maisons, nous a rapprochés des montagnes dont la route s'écarte de nouveau pour contourner un long mur par dessus lequel, à travers les arbres, nous avons aperçu, barrant un vallon resserré entre deux falaises, une élégante demeure élevée sur un soubassement de pierre dominant la plaine. Tout aussitôt, un nouveau solo de fouet avec variations nous apprit que nous étions arrivés : nous avions sous les yeux le château d'Argentonnesse, où nous jouissons présentement de tous les conforts qu'un honnête bourgeois peut souhaiter dans ce monde de misères : bon souper, bon gîte et le reste.

Notre hôte est un vieux gentilhomme qui, avec une perruque poudrée, des manchettes de dentelles et une épée en verrouil, serait le Sosie du marquis de la Seiglière. Il vous a une façon tout-à fait Régence de faire parler sa tabatière, et il faut voir de quel ton il dit de ses paysans :« Ils sont bonapartistes comme des chiens !» Lui, il est légitimiste, cela va de soi, et grand chasseur devant l'Eternel ; bon diable, au demeurant, et bon vivant aussi.

Le vieux châtelain est coiffé de son Périgord qui est bien, je l'avoue, le plus adorable coin de terre qui se puisse rêver. La vallée de la Dordogne et les vallons tributaires peuvent sans humilité soutenir la comparaison avec les bords du Rhin et ceux de l'Elbe. Des deux chaînes parallèles qui cotoient la rivière, l'une, celle de la rive gauche, est formée de hautes collines arrondies et couvertes de bois ; l'autre, au contraire, étale un amphithéâtre de crètes rocheuses escarpées, massives, nues, grisâtres, déchiquetées, surmontant les sommets de montagnes buissonneuses ou arides, que séparent d'étroits défilés. Tantôt les deux chaînes se rapprochent, resserrant le cours du fleuve qui tournoie entre une forêt dont ses ondes claires et rapides

secouent les premiers taillis, et une
haute paroi de roche nue, surplomban-
te, couleur d'ocre rouge, que le flot
heurte avec fureur. Tantôt, au contraire, elles s'écartent pour englober une
riche plaine d'alluvions où de grands
bœufs jaune-clair, à longues cornes et
à large muffle, de la forte race péri-
gourdine, tracent le sillon ou remor-
quent lentement un fardeau, suivis du
paysan en béret, l'aiguillon à l'épaule.

D'innombrables châteaux peuplent
ces paysages; les uns éclos d'hier ou
de neuf rhabillés, les autres antiques
et croulants, montrent leurs faces
blanches, leurs toits d'ardoises, ou
leurs donjons éventrés au milieu des
arbres, des champs ou des vignes,
dans le creux des vallons, sur le
flanc des coteaux, sur la cime des rochers.

Le château de Beynac, qui m'a paru
dater du XIVᵉ siècle, est de ces derniers.
Perché comme un oiseau de proie
sur une aiguille de roche, il plonge
tout à la fois sur le fleuve et sur la
vallée les yeux de ses tours monstrueuses, dans lesquels un rayon de
soleil met un regard flamboyant. On
l'aperçoit de loin, profilant sur le
ciel, au-dessus du village, sa carrure

menaçante. J'ai voulu l'aller voir de près, malgré les tribulations d'une rude ascension, et je n'ai pas regretté ma peine, encore que j'y aie eu une belle peur.

Je vous fais grâce d'une description que j'aurais pourtant grande envie de vous servir,— remarquez le procédé;— je me bornerai à vous dire que rien n'y manque de ce qui peut constituer dans votre imagination un de ces repaires redoutables et compliqués qu'a décrits Walter-Scott ou Anne Radcliffe. Le Temps a ébréché sa faulx sur ces murs de granit : à part quelques lézardes et les échancrures séculaires faites aux escaliers des tours par la botte des hommes d'armes, la féodale demeure est aussi habitable aujourd'hui qu'il y a quatre cents ans. Elle est habitée, du reste, chaque année pendant quelques mois d'été par la famille qui en est le possesseur héréditaire. La grande salle des Etats de Périgord est devenue aujourd'hui le salon de Mme de B***, et j'avoue que les proportions de ce salon improvisé jurent un peu avec l'exiguité de notre vie moderne : on dirait Poucet dans les bottes de sept-lieues. Entre autres curiosités, le château de Beynac renferme un tableau du XVIᵉ siècle qui m'intéressa fort : c'est le portrait *d'après nature* d'un ancêtre lugubrement fameux, le baron des Adrets. Le noble sacripant, tour-à-tour huguenot par haine pour Guise, catholique par rancune contre Condé, violeur de nonnes et pétroleur de couvents au service de Calvin, massacreur de protestants au bénéfice du Pape, est représenté debout dans son harnois de guerre. Le peintre, par une douce flatterie, a pris pour arrière-plan un monastère en flammes, de sorte que cette sinistre figure se détache en vigueur sur un fond rouge.

Je venais de m'arracher à cette effrayante évocation et de m'engager à l'aventure dans un obscur couloir serpentant dans l'épaisseur des murailles, lorsque, dans un replis du dédale, une vague lueur projetée par une meurtrière me montra debout, à deux pas devant moi,... qui ? Le baron des Adrets en personne ! Oui, ce maudit, trépassé depuis trois siècles, était là, sous mes yeux, bien portant, en chair et en os !! Je m'arrêtai pétrifié, muet d'horreur.

Le spectre s'avança, étendit le bras, et... me dit poliment :

— Soyez le bienvenu, Monsieur. Je suppose que vous êtes l'hôte de mon ami, le comte de *** ?

— Mon Dieu, Monsieur, excusez mon émotion : je vous prenais pour le baron des Adrets... et je ne suis pas encore bien sûr...

Un franc éclat de rire acheva de me rassurer : feu des Adrets ne riait mie. J'étais en présence du maître du logis, qui rentrait de la chasse. J'appris bientôt que ce phénomène de ressemblance, héréditaire dans la famille de B***, est devenu proverbial dans le pays. Du diable, si je me figurais, avant cette aventure, avoir encore peur des revenants, à mon âge !

Château d'Argentonnesse.

C'est cette après midi que nous faisons nos adieux au Périgord. Il y a déjà quinze jours que nous vivons grassement sur les domaines du comte de*** ; et, si j'en croyais mon humeur, je finirais mes jours dans ce castel hospitalier, comme m'en presse le vieux châtelain, joyeux d'avoir trouvé un partenaire toujours prêt pour sa partie d'échecs.

Hier, nous avons fait, non sans souffler, l'ascension des deux falaises entre lesquelles notre château forme une sorte de trait-d'union. Après une demi-heure de montée à travers un bois de chênes et de noisetiers, on arrive à la base de l'escarpement rocheux qui les couronne. Le sentier qui contourne les roches n'est pas absolument rassurant: large comme les deux mains, semé de cailloux roulants, il domine par moments la route de Sarlat qui ressemble de là-haut à un bout de cordon oublié sur un tapis vert. Que si vous me demandez si j'étais à mulet, je vous répondrai que j'avais une monture bien autrement entreprenante et sûre : ma marotte d'antiquaire. Il s'agissait de visiter des grottes de troglodytes, gens qui aimaient, comme vous savez, à se loger à bon marché et à vivre tranquillement. Je vous assure que ceux-là n'avaient point à redouter la visite des huissiers. Leurs grottes, à peine visibles de la vallée, s'ouvrent à mi-hauteur du massif rocheux et on ne peut y parvenir que par un sentier de chèvres

qu'un quartier de roc ou un coup de
pioche suffirait à rendre impraticable,
Dans l'une d'elles, d'où l'on a exhumé,
m'a-t-on dit, un humain fossile de
taille gigantesque, on voit encore une
pierre plate grossièrement creusée en
forme de double lit, avec un renflement en manière d'oreiller. Voilà des
meubles simples, mais d'un bon user.
J'en aurais fait mon affaire, si je n'étais
point un vieil homme, car j'aurais pris
à bail cette sauvage demeure de nos
lointains aïeux pour interroger à mon
aise ce sol mystérieux qui cache, sous
sa poussière jaune, tant de chapitres
inconnus de l'histoire de l'humanité!

Peut-être allez-vous trouver que je
radote un peu. Dame,

C'est un droit qu'à mon âge on achète en entrant.

Mais calmez vos alarmes : j'entends
un maître coup de fouet qui m'avertit
de boucler ma valise. Une accolade émue
qui réunit un instant la Noblesse et le
Tiers-Etat, un regard de regret au riant
panorama.... et le château d'Argentonnesse n'est plus qu'une élégante silhouette à peine visible derrière les
grands noyers.

Sur le revers d'une tranchée.

Pour un voyageur en chemin de fer, je me trouve dans une situation bien surprenante: j'écris présentement sur mes genoux, pelotonné sur l'herbette qui verdoie le long d'un talus, entre la station de Belvès et celle du Got. Je ne voudrais pas me laisser aller à des allusions déplacées, mais je ne puis me retenir de remarquer que, si j'étais encore à l'âge heureux des faceties de collége, le premier de ces noms sonnerait à mon oreille comme une mordante ironie du sort. Nous sommes, en effet, dans une position environnée de perspectives lamentables. Le grand tunnel de Belvès ouvre sa gueule noire à vingt pas; un convoi de marchandises dont le panache se montre et s'éclipse tour à tour parmi les arbres, arrive à toute vapeur derrière nous; un train venant en sens contraire est attendu d'un moment à l'autre, et, *horresco referens*, nous sommes en détresse, obstruant l'unique voie qui compose le chemin!

Notre machine, arrachée bien mal à propos au dépôt de Périgueux où elle était, paraît-il, en traitement, vient d'éprouver une rechûte soudaine qui la place dans l'impossibilité de mettre une roue devant l'autre. Arrêt insolite, stupeur générale.

«On ne descend pas ! » ont hurlé les employés.

— Parbleu ! Vous en parlez bien à votre aise, vous qui êtes à terre ! On descend, au contraire, et subtilement !

Ce disant, j'ai gagné le plancher des vaches, imité en un clin d'œil par mes cent-cinquante compagnons de naufrage.

Pour l'instant donc, le train est aussi vide qu'un œuf troué, et la voie présente l'intéressant spectacle d'une troupe d'émigrants occupés à fonder une station nouvelle sur la grande ligne de Far-West. Les prudents et les délicats ont pris possession du tapis de gazon qui capitonne le revers de la tranchée: certains dorment à l'ombre, d'autres ont mis la table et exhibé les provisions, d'autres encore lisent, et les dames causent, ombrelles au vent. Les curieux, groupés autour de la malade, dissertent sur le cas, pendant que le mécanicien martelle en jurant le métal sonore. Les alarmistes tendent l'oreille à l'entrée du tunnel ou gesticulent en désignant le train qui nous suit et qui grossit à l'horizon. Les of-

ficieux, enfin, accompagnent les employés qui courent disposer sur les
rails les signaux réglementaires.

La scène a certainement une originalité que je savourerais en dilettante,
n'étaient les incertitudes de l'avenir.
De joindre la correspondance à Agen,
il n'y faut plus songer, et j'en prends
philosophiquement mon parti : on est
forcé d'être honnête... Vous savez le
refrain. La question palpitante est
d'arriver à destination autrement qu'en
miettes. Or, ce grand ogre de tunnel qui
semble humer la chair fraîche, ne me
dit rien qui vaille; et le conducteur ne
dissimule pas que nous avons toutes
les chances possibles de passer la
nuit au chaud, sous la montagne, à
moins que le train n° *un tel*, faute
d'avoir compris les signaux, ne nous
y pétrisse comme chair à pâté.

Sur ces bonnes paroles, on nous in-
vite à réintégrer nos voitures « pour
essayer.» Le train s'ébranle avec effort,
s'arrête, puis se meut de nouveau; la locomotive s'égosille en pénétrant à pas
de tortue dans le souterrain fatal...
Le sort en est jeté : nous rampons
dans les ténèbres. Sous quelle forme
en sortirons - nous ? Emouvant pro-
blème.

Agen. Hôtel Baron.

Les canards l'ont bien passé,
Tire lire lire...

A ces chants d'allégresse vous devinez que bonhomme vit encore. Oui, il vit et il dîne, — mais avec trois heures de retard, ce qui est une freinte sensible quand on n'a plus qu'un séjour limité à faire dans notre agréable planète. Par une juste compensation, la bravoure de l'estomac venge les défaillances du cœur, circonstance exceptionnellement heureuse dans un pays où les mouches sont sans nombre et sans éducation. Le temps de porter un morceau à la bouche et votre assiette est au pillage. Plein, votre verre est une école de natation ; vide, c'est une ruche. Si vos mains sont occupées, votre visage est pris d'assaut ; bâillez-vous ? elles poussent l'indiscrétion jusqu'aux dernières limites, et même au-delà.

—C'est l'inondation, monsieur ! m'assure le garçon d'un ton dolent.

Ah ! mon Dieu, c'est vrai; je l'avais oublié. Pauvres gens !

On m'avait prévenu qu'Agen ne ressemblait que bien vaguement à Capoue : la vérité est qu'Annibal n'y fût pas resté cinq minutes. Ni moi non plus, d'ailleurs, sans la syncope de Rossinante. Agen est un Périgueux aplati : vous voyez cela d'ici. Méfiez-vous des journaux illustrés : sous des aspects divers, tous ont montré la même place et le même boulevard saccagés par les flots déchaînés. La raison en est bonne : il n'y en a pas d'autres. La place où l'aimable Jasmin mijote au soleil sur son piédestal de granit, est une sorte de rond-point de l'unique esplanade où s'élèvent les principaux hôtels et cafés, et où, chaque soir, les bonnes gens viennent demander à la Garonne moins d'eau et plus d'air. Une brise énergiquement parfumée ne serait, du reste, pas superflue : on pourrait se croire ici dans le conservatoire du choléra.

— C'est l'inondation ! me dit un passant.

Au clair de la lune, nous poussons à travers la ville une reconnaissance qui aboutit à la découverte d'une grande variété de miasmes. Nous nous rabattons sur les cafés, ces caravansérails de la civilisation.

— Garçon, voilà qui a bien mauvais goût !

— L'inondation, monsieur.

— Ah ! c'est juste. Et ce sucre malpropre ?

— L'inondation.

Cinq minutes après, chez la bura-
liste :

— Ces cigares pourraient être plus
secs.

— Ah ! Monsieur, c'est l'inondation.

Nous voici au télégraphe : il faut
écrire avec un clou rouillé sur du papier d'emballage, dans une lucarne où
grésille une lampe d'Esquimau.

— On se croirait à la Nouvelle-Zem-
ble, ici !

— Monsieur, c'est l'inon...

— ...dation. Je commence à la connaître.

Bât à tous baudets, sabot à toutes
pattes, bonne à tout faire, scie continue et perfectionnée ! Il n'est bossu
en ce pays qui ne mette sa bosse au
compte de la Garonne, On voit que les
Gascons viennent d'être retrempés à
neuf. Qui m'indiquera le domicile de la
vérité, cette vertueuse étrangère ?

P. S. — Conversation entendue sous
ma fenêtre, en rentrant à l'hôtel :

— Mon cherr, dépuis Toulousé jusqu'à La Réole, lé pays est annnéannn-
ti !

— Tu c..... Jé té dis, moi, qu'ils

séront plus riches après qu'avant !

Touchant concert. Il faut voir pour savoir : nous partirons demain pour Moissac et Toulouse.

Sur une borne, à Moissac.

Sur une borne, oui. Mais il faut ajouter que cette borne est comprise dans la projection verticale d'un châtenier de vaste envergure, et que, par le temps qu'il fait, un naturel du Nord ne saurait abandonner le plein air sans se résigner à cuire à l'étouffé. Moissac est un four établi au temps jadis par des moines frileux et frugivores, dans l'angle sud d'une chaînette de collines. Phébus tire à boulets rouges dans ce trou, et tout me porte à conjecturer qu'Eole a battu en retraite devant cette injuste agression. Le ciel est d'un azur intense, d'où ruissellent des flots de lumière qui rejaillissent en cascades aveuglantes sur les rues blanches, les maisons blanches, les églises blanches les murailles blanches; et les rameaux haletants attendent en vain que la brise absente donne son coup de brosse sur leur poussière blanche. Les sombres et froides profondeurs de la Trésorerie générale des Flandres s'ébauchent dans mon souvenir comme un enviable Eden, peuplé d'anges en visière verte et en lunettes bleues.

Ce n'est pas que Moissac soit un séjour déplaisant : non, la ville, qui n'est ni laide ni belle, ni sale ni propre, ni pauvre ni riche, ni ancienne ni moderne, ni petite ni grande, est tout-à-fait habitable — à la condition d'en habiter les environs. Il y a quelques rues plantées : ce sont «les boulevards» que l'on a bâtis sur la circonférence où s'élevaient les remparts aux temps glorieux où Moissac s'en allait en guerre. On y voit des boutiques de tout genre où l'on peut se procurer des modes de la saison passée et les derniers perfectionnements d'il y a dix ans. On y trouve aussi un journal... supprimé, un théâtreau... en construction, et plusieurs couvents très confortablement installés et fort prospères. Celui des carmélites, qui dresse ses bâtiments corrects à mi-côte d'une haute colline surmontée d'une statue de la Vierge, a été construit par une noble damoiselle dont l'ambition était de devenir abbesse, ce qu'elle fut, en effet, aussi longtemps que dura sa bourse. Les méchantes langues assurent qu'après... elle reçut, pour le bien de son salut, une leçon pratique d'humilité. Mais comme ceci n'est pas mon affaire, j'aime mieux le croire que d'y aller voir. J'en suis bien près, cependant, car pour jouir du panorama nous escaladons la colline par un sentier qui longe le mur d'enceinte du monastère.

Chemin faisant, nous croisons un bonhomme portant sur son épaule une bêche et un rateau, et un collier de grelots en manière de jarretière. A chaque pas, il carrillonne comme une mule espagnole Je fais à mon compagnon le geste qui de tout temps a passé pour le moins avantageux à l'endroit des facultés d'autrui.

— Vous n'y êtes pas, me répond on. C'est le jardinier du couvent. La règle interdit aux nonnes de voir un homme, comme d'évoquer le diable, et cette quincaillerie est destinée à les prévenir de l'approche du sexe prohibé.

J'examine le personnage : il est vieux, laid, malpropre, de ceux aux-

quels s'applique à la lettre l'exclama-
tion de Dorine :

Moi, je vous verrais nu du haut jusques en bas
Que toute votre peau ne me tenterait pas !

Il paraît que c'est encore trop pour
les gens d'à côté. Passons.

Moissac renferme, incrustée dans
ses vulgarités, une perle, une seule,
mais une perle fine Il y a tant d'huîtres qui n'en ont pas du tout ! Cette
perle, c'est l'église et le cloître Saint-
Pierre, restes de l'antique abbaye, berceau de la ville. B'en que la fondation
de ladite abbaye par saint Amand re-
monte ou VIIᵉ siècle, le monument
actuel ne date que du XIᵉ, par la raison que les Sarrazins ont passé par ici.
Après tout devons-nous encore de la
reconnaissance aux ultramontains de
Mahomet, puisque, sans eux, on n'aurait pas reconstruit le monastère à la
belle époque de l'art roman. Or, le portail de Saint-Pierre est tout un musée
de sculpture romane, avec ses person-
nages roides et guindés qu'on dirait
figés dans la pierre, ses allégories
dévotement érotiques, ses colonnettes
à chapiteaux historiés.

Ce portail justement fameux (l'église
et le cloître sont classés parmi les mo-

numents historiques) donne accès dans
une sorte d'antichambre qui précéde
le sanctuaire proprement dit et au-
dessus de laquelle est une vaste salle
voutée en plein cîntre où le touriste
ému peut pénétrer de deux côtés par
de vénérables escaliers en vrille,
pratiqués dans l'épaisseur des murailles. C'est l'ancienne salle capitu-
laire, de haut aspect malgré les dé-
combres qui la déshonorent. De nom-
breuse ouvertures voûtées trouent
symétriquement son pourtour : elles
mènent aux escaliers ascendants et
descendants, à deux vestibules et à des
passages secrets dont j'ignore la destination primitive. Je ne puis mieux
rendre l'impression d'ensemble pro-
duite par les dimensions, l'aspect froid,
sombre, dur, mystérieux de ces lieux
étranges, que par ces mots que je
griffonne sur mon carnet dans l'em-
brasure d'un œil de bœuf : «Odeur d'In-
quisition.»

Quant au cloître, qui communique
avec l'église par le côté gauche
du chœur, son bon état de conser-
vation n'est pas fait pour dissiper
l'odeur ci-dessus, au contraire : l'on
cherche involontairement dans les
baies de ses arceaux étroits, derrière

ses doubles colonnes aux chapitaux compliqués, la pointe d'une cagoule ou la barette d'un juge du Saint-Office. Il n'y a pas à y contredire, c'est un morceau de toute beauté ; mais je devine, sous l'épiderme de ces pierres, des traces qui m'importunent : Simon de Montfort a abreuvé ces statues du sang des Albigeois... En ce temps - là , les inondations étaient rouges. Auprès de celles-là, les débordements de la Garonne ne sont que d'innocents exercices hydrothérapiques. Et, cependant, quel effroyable sillon depuis Agen jusqu'ici !

Des deux côtés de la voie, aussi loin que porte la vue, la plaine est rasée. Çà et là quelques arbres ont résisté, indiquant par leur commune inclinaison le sens de la poussée du flot. De leurs branches pendent, comme les haillons déchiquetés d'un pendu, les restes des moissons arrachées aux champs. D'autres, culbutés de fond en comble, étouffent dans le limon, les rameaux ensevelis et les racines en l'air. De grands marécages immobiles, oubliés par le fleuve dans toutes les dépressions du sol, reflètent au loin les rayons du soleil. Sur ce fond desolé se détachent des cadavres de fermes,

les uns squelettes, les autres encore
revêtus d'un épiderme d'argile moi-
sie, d'autres éventrés et montrant leurs
entrailles, d'autres enfin gisant à
terre, le toit à rebours, comme un
ivrogne cuvant son vin. De temps en
temps, une plaie béante, aux lèvres
convulsées, s'ouvre dans le remblai,
et une perturbation dans la mesure du
roulis ordinaire, apprend aux voyageurs que le train s'engage dans un
raccord provisoire de la voie.

Le tableau est loin d'être aussi funè-
bre à Moissac : la seule partie atteinte
est le quartier populaire qui avoisine
le Tarn; — car c'est le Tarn, et non la
Garonne, à qui le ciel a confié la mis-
sion de rafraîchir la ville et au besoin
de la noyer. Là, par exemple, les maisons ont été aplaties par rangées comme des enfilades de capucins de carton,
et j'y retrouve très bien portants les
diverses variétés de miasmes avec
lesquels j'ai lié connaissance à Agen.
Soit dit sans formaliser les gâche-
mortier gascons, il y aurait ici pour un
de nos solides maçons flamands une
belle fortune à faire, car les gens s'y
entendent à bâtir comme moi à dire
messe. C'est le soleil qu'ils chargent de
cuire leurs briques et, comme ce céleste

aristocrate ne se soucie d'un pareil métier, à la première trempée les maisons fondent comme un morceau de sucre dans une demi-tasse. C'est là tout le secret de l'énormité du désastre: Les riches habitations construites en pierres ou en vraies briques ont toutes triomphé de l'inondation, ni plus ni moins que le fier pont du Tarn. Puisse cette sévère leçon n'être perdue ni pour les « entrepreneurs de bâtisses », ni pour leurs clients, «petits ébénisses» et autres.

Elle nous suffit, à nous : nous irons à Toulouse à la prochaine inondation. Les ascensions du thermomètre nous mettent la rougeur au front et piquent notre amour-propre, en même temps que notre épiderme : Vivent les montagnes, les glaciers et les neiges !

Auch. Hôtel de France. Minuit.

Je ne sais quel Inquisiteur avait apporté à l'art de la torture un perfec-

tionnement qui consistait à priver ses
victimes de sommeil en les piquant
avec des épingles rougies. Je suis sûr
que cet homme-là avait passé par
Auch, et que je viens de mettre la main
sur le secret de son invention. Mais
que voulez vous que fasse d'une pareille découverte un bonhomme inof-
fensif et sans ambition ? J'aime mieux
la raconter tout de suite: les gens graves
qui font métier de commenter l'histoire et de disséquer les effets pour en
trouver les causes pourront au moins
en faire leur profit. Qu'ils apprennent
donc que, tombant de lassitude, l'estomac plein et les pieds chauds, je
m'étais mis au lit, au coup de dix
heures. Morphée, en fermant ma pau-
pière, avait poussé la bienveillance
jusqu'à me fredonner dans l'oreille, à
travers mon bonnet de nuit:

Dormir est un plaisir céleste ;
Le bonheur nous vient en dormant..

...Ouais, et autre chose itou ! Et je te
pique par-ci, et je te pince par là, et
je te larde à gauche, à droite, en haut,
en bas, devant, derrière, partout !
Alerte ! qu'est ceci ?

Ce que c'était, je m'en vais vous le dire.

Les mouches d'Agen sont devenues les puces d'Auch. Voilà tout.

J'ai combattu deux heures durant, sans rompre d'une semelle ; mais l'ennemi recevait continuellement du renfort comme les Prussien, à la bataille de St-Quentin, et j'ai dû me replier en bon ordre. Si je m'étais entêté, la chambrière n'aurait retrouvé demain matin dans mon lit qu'un crâne et deux fémurs, et encore !... C'est pourquoi, à l'heure où vous ronflez comme d'innocentes toupies, heureuses gens du pays de Flandre, votre infortuné compatriote, dans un costume simple et original, griffonne sur sa table de nuit, en suçant sa pipe, pour tromper sa mélancolie.

La route de Lille à Paris n'est pas moins pittoresque que le pays que l'on traverse d'Agen à Auch. C'est une vaste plaine à peine ondulée, où les vignes succèdent aux vignes ; n'étaient les quelques endroits où les collines de la Lomagne se rapprochent de la voie pour montrer au voyageur engourdi quelques manoirs achevant de crouler, ou quelques bourgades à créaux oubliées par le moyen-âge sur leurs escarpements, on considérerait comme une distraction bienvenue

la découverte des champs de maïs et
des maigres prés çà et là disséminés.
Le tracé de la ligne que l'esprit pratique des ingénieurs a maintenu dans
les bas terrains, explique de cette
monotonie; aussi la surprise est
grande pour les touristes intrépides
qui ont le courage de chercher un bon
poste d'observation, en gravissant, par
exemple, le plateau au bord duquel se
dressent les vieilles murailles de Lectoure. Cet assaut pacifique, joint à
un déjeuner à l'hôtel *Darolles*, cons-
titue pour les gens friands de pittoresque et pas difficiles sur l'article de
la mangeaille, le meilleur emploi possible de l'intervalle qui sépare deux
trains.

Du chemin de fer, à une portée de
chassepot derrière ou plutôt au-dessus
de la gare, on aperçoit sur l'extrême
bord du coteau la jaune silhouette
de la cité ibérienne tour à tour assail-
lie par tant de vainqueurs divers, depuis les légionnaires de Crassus jusqu'aux gentilshommes du roi Henri, en
passant par les Visigoths, les Francs,
les Sarrazins, les Normands, et les
fanatiques du cardinal d'Albi qui n'y
laissèrent de vivants que trois hommes
et autant de femmes. Il s'agit de mon-

ter là-haut au pas accéléré; un coup
d'œil en courant à deux rues vénérables, au vieux château, à l'ex-palais
épiscopal devenu sous-préfecture et
hôtel-de-ville, à la cathédrale décapitée
de sa flèche, autrefois la plus haute de
France, à une tour qui fut la maison du
bourreau, à quelques inscriptions romaines encastrées dans de jeunes façades, puis enfin au Lannes en marbre
blanc qui, de son piédestal, surveille
la promenade des bastions dont il
planta, dit-on, les arbres avant d'être
soldat et maréchal; puis on fait un
crochet en regagnant la gare, pour ne
pas négliger, au bas de la côte, un
bijou d'art gallo-romain, la fontaine
d'Houndelie, où naît l'Hydrone, un ruisseau grec égaré en Gaule... Avec beaucoup d'imagination, on peut se croire
dans la vallée de Tempé...

Mais voici que le train débusque; le
chef de gare, qui nous a aperçus de loin,
se livre à une télégraphie échevelée:
une gymnastique vive et animée al-
terne avec les souvenirs classiques.

Une heure de somnolence sudorifi-
que, et le chef-lieu du Gers est devant nos yeux, s'étalant en amphithéâtre sur un monticule qu'il couvre
de ses maisons irrégulières et domi-

ne des tours jumelles de sa cathédrale. Mes supérieurs en archéologie
affirment qu'Auch fut une des plus
somptueuses cités de la Gaule, au temps
où elle s'appelait Elliberri ; il paraît
même que des vestiges magnifiques
exhumés récemment sur la rive
droite du Gers ne laissent subsister
aucun doute à cet égard. Je regrette
bien vivement, en ce cas, de n'avoir
pas entrepris mon voyage dix-huit
cents ans plus tôt. Si l'ombre de quelque édile Euskarien erre parfois, dans
les lumineuses nuits d'août, à travers
le dédale de ruelles escarpées qui con-
duisent du faubourg où gît la gare à
la place qui couronne la colline, je
compatis du fond de l'âme à l'humilia-
tion qui doit contrister la sienne.

Il ne faut cependant pas que mes tribulations nocturnes me rendent grin-
cheux au point de dénier à la ville d'Auch
ses attraits, qui sont au nombre de
trois. D'abord sa situation, qui domine
tout le pays, depuis les plateaux où
Lectoure hérisse, vers le nord, dans un
lointain bleuâtre, ses poivrières mi-
croscopiques, jusqu'aux Pyrénées qui
se profilent au sud comme une zône de
nuages dentelés. C'est ensuite sa grande
place circulaire, que prolongent sy-

métriquement, de deux côtés, une jolie promenade plantée, appelée le cours d'Etigny, du nom d'un intendant royal qui fut de son vivant la providence de la province, et une autre place rectangulaire fermée à son extrémité par la façade grandiose de la vieille cathédrale Sainte-Marie. C'est enfin l'Escalier Monumental, construit en marbre et orné de fontaines à chacun de ses paliers, fameux dans tout le pays, et dont aucun étranger ne manque de parcourir les 373 marches, qui, de derrière l'église, descendent aux rives boisées du Gers. Sa terrasse supérieure rappellerait la place du Congrès, si l'entassement de masures étouffées qu'elle surplombe, pouvait se comparer à Bruxelles. Il est vrai que les gens d'ici hausseraient les épaules de pitié devant le paysage Brabançon. D'où je conclus que chaque médaille a son revers et que tout est pour le mieux dans le meilleur des mondes.

Le Gers m'arrache à cet optimisme. Les inondations ont fait à cette méchante goulotte une réputation usurpée. Pour l'instant, honteux de ses extravagances du mois de juin, il se ratatine dans un lit boueux au fond duquel il traîne sournoisement

son filet d'eau pâteuse. Les quais sont
déserts : je n'y aperçois qu'un philo-
ogue famélique qui se chauffe le dos
au soleil, le nez dans un bouquin fripé,
et un pêcheur collé sur un arbre en attendant, immobile, le poisson dont la
présence doit compléter, à la façon
que vous connaissez, la définition de la
ligne ; et enfin, sous une arche du pont
qui mène à la gare, un indigène vêtu
d'un béret, qui me donne la représen-
tation vivante d'un tableau de Téniers :
le Midi n'est pas le pays de la gêne.

Nous remontons la ville par les zig-
zags capricieux de ses rues étroites :
un Auchois négociant et philosophe
nous a offert l'hospitalité tout au sommet du coteau, dans son cottage qu'il
a baptisé «les Charmettes», où, si nous
n'avons pas l'honneur de souper avec
Jean-Jacques et madame de Warens,
nous assisterons, du moins, au coucher
du soleil, cet autre philosophe, témoin
stoïque et souriant de tant de choses
abjectes, ridicules, sottes, criminelles
ou sublimes.

. . . .

Après une journée pareille, si vous
pensez qu'en rentrant au N° 20 — troisième porte à droite du second corridor

à gauche,— je n'aurais pas donné tous les parfums de l'Arabie pour un bon somme, c'est véritablement que vous n'avez aucun réserviste parmi vos connaissances. Mais désormais, sauf votre respect, je n'en donnerais plus quatre sous, par la raison qu'il est inutile de payer ce que l'on tient; or, je souhaite aux bonnes gens de Lille que le présent monologue leur procure un repos aussi plantureux que celui qui me cogne, à chaque ligne, le nez sur mon porte-plume. Je me ris maintenant des petits Inquisiteurs rouges, sanguinaires et agiles, qui me sautent à la gorge ; leurs injures n'arriveront jamais jusqu'à la profondeur de ma léthargie...

En foi de quoi, je souffle ma bougie, et je m'aplatis à droite, bercé par une suave harmonie...

Dormir est un plaisir céleste !...

. . . .

Moi, je dors !... Moi, je dors !... Moi, je... dors...

A Lourdes. Entre deux miracles.

Eh bien ! oui, quoi, j'y suis ! Et ce n'est pas entre deux miracles que je devrais dire, c'est sous une averse de miracles, car il y en a partout, devant et derrière, à gauche et à droite, il en passe au-dessus de notre tête, il en part entre nos jambes. Je me suis désarmé, mon scepticisme est confondu, je m'incline, j'ai vu et je crois. Mais n'anticipons pas, s'il vous plaît : un vieux négociant de ma sorte aime les écritures en règle et toute chose en sa place.

A partir d'Auch, le chemin de fer court plat pays ; c'est ce qu'on appelle ici la plaine de Tarbes. Un lointain orage dont nous ne percevons que les reflets et les échos affaiblis, a tiré un voile ardoisé sur l'azur du ciel et enveloppé la campagne dans une blanche vapeur. Contretemps béni, qui permet à nos individus de déposer dans l'air ambiant leur excès de calorique

Voici Mirande qu'on appellerait « la jolie» si son nom n'exprimait plus éloquemment le sentiment qu'elle inspire. Rien de coquet comme cette petite ville aux maisons blanches, aux toits corrects et brillants, qu'en-

clot encore, pour compléter ses char-
mes, la vieille enceinte du moyen-
âge, flanquée de tours ventrues ; rien
de grâcieux comme les jardins touffus
qui l'entourent.

De notre wagon, elle nous apparaît
come Mimi Pinson cueillant la fraise
au bois de Bagneux, en toilette d'été.

La pluie a cessé, le soleil renaît, la
brume fuit derrière nous. Une bande
grisâtre et barbelée persiste à barrer
l'horizon : nuages ou montagnes ?

Vic-en-Bigorre. La bande sombre
est toujours là et son profil n'a pas
varié ; les hôtes volages du firmament
ne connaissent point cette immobilité
imposante : ce qui se dresse devant
nous, c'est la montagne éternelle et
colossale, ce sont les Pyrénées. Lon-
guement nous les contemplons en silence, pénétrés d'un étonnement reli-
gieux.

Tarbes. Nous avons une heure d'arrêt, qu'il s'agit d'employer congrument.
Outre un buffet confortable, la gare
offre au voyageur poudreux des cabi-
nets de toilette munis d'un outillage
perfectionné, — un exemple que je me
permets de recommander aux médita-
tions de la richissime et pingrissime
Compagnie du Nord. Tarbes, dont un

antique clocher à flèche octogonale
trahit seul la présence derrière un
épais rideau de verdure, est le paradis
des jardiniers et des promeneurs. Les
maisons sont basses, mais elles rega-
gnent en espace horizontal ce qu'elles
perdent en hauteur : il n'y existe si
mince bourgeois qui n'ait derrière sa
bicoque son courtil où il plante ses
choux et grefle ses rosiers. À ceux qui
n'en on mie, la ville offre les platanes
séculaires du Prado ou des Allées na-
tionales, ou bien encore le parc de 14
hectares qu'elle tient de la libéralité
d'un de ses enfants, le citoyen Mas-
sey, le « père Rameau » de l'endroit.
C'est dire que les choses intéres-
santes ne manquent pas, ici, bien que
les guerres, les guerres de religion
surtout, dont les abominables traces
se rencontrent à chaque pas dans le
Midi de la France, aient passé leur fer
brutal sur la plupart des anciens mo-
numents. Le temps, qui nous presse,
ne nous laisse même pas le loisir de
compter en combien de miettes le
le grand pont pulvérisé par l'inondation gît au fond du lit de l'Adour :

« En voiture, les voyageurs pour
Lourdes, Pierrefitte et Bagnères-de-Bi-
gorre ! »

La plaine s'anime : elle se creuse en ondulations de plus en plus marquées, qui deviennent bientôt de profondes vallées et des croupes monstrueuses; la grande chaîne qui barre l'horizon à la hauteur des nuages s'éclipse par moment derrière les contreforts du premier plan, pour montrer de nouveau dans les échancrures ses masses tout à l'heure bleues , maintenant d'un gris verdâtre. Au front de ces géantes étincelle un diadème d'escarboucles : c'est leur parure de glaciers et de neiges éternelles.

Pendant près d'une heure les montagnes succèdent aux vallons et les vallons aux montagnes; l'arrêt du train met seul fin à ce diorama. Entre les divers bâtiments d'une gare importante, nous apercevons, dans une large vallée, une jolie ville groupée autour d'un massif château qui hisse ses donjons carrés sur un énorme soubassement de roche. Sur un hangar encombré de bagages du sol jusqu'à la toiture, s'étalent en grosses lettres ces mots significatifs : « Sortie des pèlerins. » Nous sommes à Lourdes.

Impossible de passer, sans s'arrêter, devant ce lieu célèbre. Nous descendons.

— Voitures pour la grotte !

— Guides pour la grotte !

— Chapelets bénis, au choix !

— Médailles bénites, or, argent et doublé !

— Scapulaires en tous genres !

— Images avec prières à indulgences !

— Spécialités de gourdes et bouteilles !

— Cresson de la grotte, frais comme l'œil... et béni, Messieurs !

Tudieu ! quelle activité industrielle ! Voilà qui réjouit le cœur d'un vieux commerçant... Mais, peine perdue, mes enfants : je ne suis pas consommateur.

Et dire qu'il y a vingt ans, on n'aurait pas trouvé ici à acheter une paire de bretelles ! Premier miracle.

— Hôtel de France! Hôtel de la Poste! Hôtel de Paris! Hôtel des Princes ! Hôtel de la Grotte ! Hôtel Lacrampe !...

Lacrampe, à Lourdes ? Irrévérencieuse ironie... Quoiqu'il en soit, Lacrampe était autrefois l'unique hôtellerie de l'endroit, qui en compte maintenant une bonne douzaine. Second miracle.

— Monsieur, de l'eau de la Grotte

pour les yeux ! me dit un gavroche
alléché par la vue du binocle bleu que
m'a fait exhiber, depuis Moissac, l'ar-
dente réverbération du soleil.

Le petit colporteur d'eau miraculeuse jouit lui-même d'une sorte d'oph-
thalmie qui enlumine ses paupières
de ce cercle caractéristique que l'hu-
mour populaire appelle du maigre de
jambon.

— Eh ! mon enfant, pourquoi n'en
uses-tu pas pour toi-même ?

Il me jette un regard narquois, pi-
rouette sur son talon et me répond
par le geste... que vous savez. Troisième miracle.

Ce que l'on rencontre de monde
dans cette bourgade qui, jadis, ne
voyait jamais deux touristes à la fois,
n'est pas à dire (Quatrième miracle.)

Cette affluence se décompose en
deux catégories à peu près égales,
qu'on reconnaît du premier coup : les
croyants et les curieux. Ceux-ci sont
les voyageurs d'été, les flâneurs cosmopolites, les clients des stations ther-
males, qui tous, pour une heure ou
pour un jour, font escale ici. L'autre
catégorie se compose presque en tota-
lité de frocs, de soutanes et de cotil-
lons. Je n'imaginais pas, il y a une

heure, l'infinie variété de costumes
que peut revêtir l'amour de Dieu et le
mépris des richesses périssables, non
plus que la diversité de formes et de
couleurs que peut affecter la coiffure
féminine. C'est prodigieux, c'est
presque un cinquième miracle. Bonnets plats, demi plats, bonnets mon-
tés, bonnets à ailes, bonnets cauchois.
bretons, normands, flamands, soua
bes, saintongeois, auvergnats, cas-
ques à mèche, madras basques, man-
tilles espagnoles, tout cela par cen-
taines, et agréablement entremêlé de
moines et de nonnes noirs, blancs,
gris, jaunes, bleus, rouges, violets,
panachés....

Que c'est comme un bouquet de fleurs.

Le chemin de la grotte et de la basilique n'est pas difficile à trouver : il
n'y a qu'à suivre le courant qui vous
mène à droite, vers une sorte de faubourg nouvau-né et tout entier consa-
cré aux choses saintes comme le jeune
Eliacin. Cela ne veut pas dire que le
commerce y chôme, bien au contraire :
le miracle en gros, demi-gros et détail
est l'industrie du pays. Le chemin est
une foire un peu bien distinguée; pas
un pouce de terrain de perdu : les bou-

tiques s'y coudoient de la belle manière
et les marchands, animés d'une pieuse
concurrence, s'y prennent parfois aux
chevaux. On y vend toutes choses re-
levant de la *spécialité*, ou bien l'on y
bâfre à prix fixe, — car les restaurants
et les cafés prouvent par leur multi-
plicité que l'homme ne vit pas seulement de pain, mais encore de viandes
cuites à point et de vin clairet, sans ou-
blier le café noir.

Un quart d'heure de flânerie au milieu de cette kermesse tapageuse nous
conduit devant un renflement moitié
rocheux moitié gazonné, dans lequel
s'ouvre une excavation dont on a fait
une chapelle encombrée de falbalas, de
statuettes, de fleurs de papier, de bibelots clinquants. Les béguins et les
frocs dont je parlais tout-à-l'heure
fourmillent là devant, en une nuée tel-
lement compacte qu'il faut renoncer
à approcher. Il paraît que c'est la
fameuse grotte qui fait accourir les go-
gos de tant de pays divers. Encore un
miracle, et pas un petit, j'ose le dire.

En y regardant bien, j'aperçois, à
gauche, par-dessus les bonnets, quelque chose qui ressemble à un bassin
à poissons rouges. On m'assure que
c'est de ce bocal que s'échappe l'Océan

d'Eau de Lourdes qui baigne, de nos
jours, les demeures bien pensantes du
monde entier. Soit ! alors c'est un sep-
tième miracle. Une inscription qui
s'étale sur la paroi rappelle l'ordre
donné à Bernadette Soubirous, par
Mme P..., — je veux dire par l'appari-
tion : « Allez boire à la fontaine et vous
y laver » Ceci ne serait peut-être pas
du luxe pour certains de ceux qui
m'environnent, autant que j'en puisse
croire mon nerf olfactif. Quant aux
bains complets, on les prend dans un
établissement spécial, plus près du
Gave.

Le paysage serait charmant s'il
n'était troublé par cette affluence
simplotte et bavarde qui l'envahit dans
les moindres recoins : impossible de
lever les yeux sans apercevoir quelque
part des béguins et des frocs. On en
voit même — ceci est à la lettre — qui
broutent à genoux l'herbe de ces lieux
enchantés.

— Zuze un peu s'il y avait des char-
dons ! murmure un loustic.

Quant à la blanche basilique qui
élève à droite son sanctuaire à double
étage, elle a du coûter son pesant d'or,
car c'est un travail énorme, mais elle
n'est ni belle, ni imposante. A distance

elle fait l'effet d'une chapelle, proprette et flambant neuf ; il faut la toucher pour se rendre compte de ses vastes proportions. Ce sont deux églises maigres, juchées l'une sur l'autre ; on monte à l'église supérieure, la principale, par un long escalier, on passe entre deux aîles annexes qui bordent une sorte de terrasse, et l'on pénètre dans un sanctuaire à nef unique, tapissé de toute sorte d'instruments à l'usage des infirmités humaines, sans parler des épaulettes d'un amiral dont le nom se lit en grosses lettres sur une étiquette. N'était l'autel, on se croirait dans la boutique d'un riche bandagiste. Un clocher à flèche, également en pierre, surmonte le tout, et contribue à donner à cet ensemble plutôt l'aspect guindé, émacié, déguingandé et pacotille d'un joujou de Nuremberg, que celui d'un édifice sacré.

Que voulez-vous que je vous dise ? il y a entre la basilique de Lourdes et Notre-Dame de Paris toute la distance qui sépare la foi pure, simple, grande et grave des vieux chrétiens, du paganisme fantasmagorique des prestidigitateurs contemporains.

Rassasiés de miracles, confondus des innombrables prodiges dont le vieux château de Lourdes est le spectateur colossal et impassible, nous regagnons la gare, où nous arrivons allégés de nos foulards qu'une main coupable nous a subtilisés dans la bagarre... Après tout, c'est peut-être un nouveau miracle à ajouter à tous les autres...

Dans la gare de Pierrefitte.

Ceci est griffonné au crayon, sous une lanterne de la gare de Pierrefitte, pendant les loisirs que me fait la distribution des bagages.

On vient ici de Lourdes en moins de trois quarts-d'heure; et, le diable m'emporte ! pour la première fois de ma vie, je me suis pris à regretter la brièveté du trajet.

Le chemin de fer quitte la Ville-aux-miracles par un grand circuit à l'est, pour aller profiter de la trouée que le Gave de Pau fait entre le pic de Jer et celui d'Alian; on pénètre ainsi dans la fameuse vallée de Lavedan, vaste échancrure qui renferme tout une fer-

tile plaine, celle d'Argelès, et qui se ra-
mifie en une foule de vals secondaires
et de défilés allant gagner au loin les
hauts plateaux et les sommets mêmes
des Pyrénées. Ce sont d'abord les vallons de Surguère, de Castelloubon, de
Salles, d'Azun, de Davantaïgue, puis
enfin, tout au fond, les gorges sombres et
hésissées de Luz, par laquelle on gagne
Saint-Sauveur, Barrèges et Gavarnie,
et de Saint-Savin qui mène à Cauterets.

A gauche, nous rasons la base du
Jer que la mine a rognée au profit du
chemin de fer; à gauche nous avons
pour camarade de route le Gave, large, bleuâtre, déjà bondissant et écumeux. La locomotive gravit lentement
et avec effort. Les deux parois du précipice qui nous sert de route, se re-
dressent en rapides versants dont nous
ne voyons que les premières pentes,
tantôt gazons ou buissons, tantôt roche décharnée. Ça et là, quelques
échappées où défilent, comme des fantômes d'un autre âge, des tours mous-
sues et des donjons rébarbatifs, debout
depuis des siècles sur un gradin de la
montagne ou sur la bosse d'un contrefort. On dirait des paladins de l'Arios-
te, qu'un magicien malfaisant a sur-

pris en sentinelle et pétrifiés là dans leur harnois de guerre.

Les versants s'écartent: nous entrons dans la plaine d'Argelès, la mieux située de France, m'assure-t-on, parce qu'elle joint les plantureux avantages des plats pays, au charme pittoresque des montagnes, c'est-à-dire quelque chose comme l'*utile dulci* du poëte classique. Toutefois, il ne me serait pas moins difficile d'approuver que de contredire, car déjà le crépuscule enveloppe l'horizon, ou, pour parler comme Lamartine,

La brume des côteaux fait trembler les contours.

Argelès. La nuit est d'un ébène irréréprochable. Que nous traversions la Beauce, l'Oberland, le Sahara ou la Boukharie, c'est désormais tout un pour moi. Je m'en console par la pensée qu'à moins de défrayer inopinément le déjeuner de quelque mal-lèché, nous devons repasser par ici. On tâchera que ce soit en plein jour.

Pierrefitte. Tout le monde descend!... par la raison que le chemin de fer ne va pas plus loin. Nous devions arriver à huit heures : il en est dix. Ce phénoméne est de règle par ici : les voyageurs n'ont pas autre chose à faire que d'en prendre leur parti, s'ils ne veulent tomber du mauvais sang dans l'humeur noire, de l'humeur noire dans la dyspepsie, de la dyspepsie dans le marasme, etc. Quoi qu'il en soit, la nuit secoue au-dessus de nos têtes son diadème bleuâtre qui brille comme l'aigrette du shah de Perse; c'est superbe, quand on lève le nez, mais d'autant plus noir quand on abaisse son regard sur le séjour sublunaire. « Sublunaire» n'est, d'ailleurs, qu'une agréable métaphore de mon crayon, car la pâle Phœbé a totalement oublié son service. Or, s'en aller en guerre ou en promenade dans les ténèbres, au hasard des chemins, dans un pays en insurrection ouverte contre la géométrie plane, n'a rien de particulièrement séduisant, que l'on s'appelle Durand ou Marlborough. C'est vous dire que nous sommes perplexes. Faut il coucher ici comme de simples Perrichons, ou bien aller de l'avant, *go ahead!* comme un membre du Club Alpin ? Passer pour des capons chiffonne mon orgueil de Flamand... et, d'un autre côté, la vanité coûte parfois bien cher ! Il faut croire que notre anxiété se trahit par quelque endroit, car nous n'avons pas mis le pied dans la gare encombrée de guides, de porteurs, de chevaux, d'ânes, de voitures, de diligences, que nos personnes deviennent un champ de bataille cruellement disputé par deux partis acharnés :

— Bonne voiture à quatre chevaux ! hurle le parti d'action.

— Hôtel de la Poste, le meilleur du pays, la renommée pour les truites ! riposte le parti de la paix.

«Quelle distance et combien de temps pour Cauterets ?»

— Rien que deux petites heures !

— Dix kilomètres, et trois heures en allant bien !

«Et... bonne route ?»

— Excellente !

— Détestable !

— Un vrai trottoir !

— Un casse-cou !

— Un landau tout neuf, quatre bons chevaux, qui viennent de descendre le prince de ***. Pour vingt francs, monsieur ?

— Monsieur soupera bien et dormira mieux, Hôtel de la Poste ! Lits délicieux ! Renommée des truites!.........

— Que vous allez subtilement me f...icherr le camp sans obserrrvation ni murrmurrres, que je vous f...iche un prrrocès-verrbal, histoirrre de vous rre-mémorrerr que c'est prrohibé d'em...-bêterr le public dans l'interrrieurrr de la garrre !...

Pandore ! c'est le ciel qui nous envoie cet archange en bicorne ! Je l'aborde, le bonnet à la main, un sourire de courtisan aux lèvres, avec toutes les marques de la considération la plus distinguée.

— Pardon, monsieur, un renseignement, je vous prie ?

Pandore se retourne, me toise, croise les mains sur ses reins, se met à l'alignement en effaçant les épaules, et inclinant la tête avec dignité :

— Parrrlez, dit-il.

Je lui confie mes angoisses, il en écoute le récit avec impassibilité, puis il me répond avec une froide condescendance : « Vous pouvez monterrr. »

Pandore l'a dit. Allons-y donc !

— Ohé, là-bas, le cocher du Grand-Turc ?

— Voilà, voilà ! Hôtel de la Poste ! — Hôtel de France ! — Hôtel des Pyrénées !

— Allez au diable! le cocher du prince de Trois-Etoiles !

— Voilà ! omnibus pour Cauterets !

— Diligences pour Luz et Barréges ! —

Bonne carriole! — Voiture découverte!
— Voiture fermée ! Quatre places !

— C'est moi, voici votre landeau,
monsieur !

Enfin! Encore une petite demi-heure
de débats pour réduire à douze les
vingt francs demandés, puis une autre
pour transporter et assujétir les malles, et nous voilà partit au galop de
de seize jarrets nerveux.

A la lueur de ma pipe.

Galop. Etoiles filantes à droite et à
gauche : maisons de Pierrefitte.

Plus rien. Obscurité compacte. Ves-
tibule du Tartare. Souvenir classique.
O Pater Eneas !

Petit trot. Nous montons. Vacarme
infernal : le Gave, à gauche, au fond;
à droite, paroi verticale. Brrr!

Au pas. Eboulement. Route rongée
par l'inondation. Trouble intestinal.

Points lumineux à l'avant : une voiture qui descend. Attention au mouvement ! Sauvés.

Un pont. Maintenant, le Gave hurle à droite. Ça monte toujours.

Bruit de grelots dans la nuit. C'est derrière nous : on s'en bat l'œil.

Le cocher parle à ses bêtes : « Doucement, Isabelle ! » Endroit périlleux : moitié du chemin partie pour l'Amérique. Froid au dos.

On doit bien dormir, à l'hôtel de la Poste !

On monte depuis deux heures. Même chemin acrobatique. Isabelle est soucieuse.

Petit trot. Ça va mieux.

«Allez, Isabelle !» Grand trot. Eboulements franchis.

Etoiles jaunes, au loin. Salut aux demeures humaines !

Elles augmentent. Clic! clac ! Postillon énergumène. C'est Cauterets.

Cauterets. Hôtel des Ambassadeurs.

Nous vivons depuis vingt-quatre heures dans la plus haute vallée habitée des Pyrénées (3,000 pieds au-dessus de la mer), et on n'y voit pas plus de montagnes que sur la main d'une duchesse. La raison de ceci, c'est que Cauterets et ses infortunés habitants prennent, pour le quart d'heure, un bain complet dans les nuages.

Ce matin, j'avais quitté mon lit à l'heure des coqs, heureux de fuir l'armoire obscure qui me sert de chambre provisoire et d'assister au petit lever des géants auxquels je venais faire ma cour de si loin. Le cœur me battait comme à un courtisan novice... Va-t-en voir s'ils viennent ! Messeigneurs ne sont pas visibles, il faudra repasser. Il fait un temps de chien, la pluie tombe raide et le froid traverse les os; un brouillard pâteux, qui se confond avec le sol, ternit mes lunettes et pénètre jusque dans mes poches. On pourrait se croire à Haubourdin, aux alentours de Noël.

— Il y a des gens qui ont de la chance ! murmure amèrement mon compagnon.

— Patience, pays !

Mais patience n'y fit ; du matin jusqu'au soir le temps ne changea point. Mais je ne suis mie Flamand pour des prunes, et je n'en ai pas eu le démenti: j'ai chaussé mes gros sabots, rabattu mon bonnet, serré mon carrick, et ainsi fait, après le déjeuner, j'ai tiré mes guêtres ; de sorte qu'à l'heure qu'il est, je connais déjà mon Cauterets comme si je l'avais fait.

Comme vous savez, les grandes, les vraies Pyrénées commencent à Pierrefitte. Figurez-vous, à travers les montagnes, comme une tranchée ascendante, escarpée, profonde, étroite, tourmentée, sinueuse, longue de vingt-cinq kilomètres, partant de la vallée de Lavedan droit à la frontière d'Espagne qui est le point culminant, et vous aurez une idée de la situation géographique de Cauterets, qui se trouve juste à égale distance des deux points extrêmes ; — c'est, du reste, le seul endroit où cette longue coupure s'élargit assez pour former une courte vallée de cinq cents pas de diamètre, et traversée de bout en bout par le Gave. Du vivant de la galante reine Marguerite de Navarre, qui composa l'*Heptameron* «dans les beaux près où les arbres sont si feuillés que le

soleil n'en saurait percer l'ombre,»
Cauterets n'était qu'un village composé
d'une rue unique courant le long de la
rive droite du torrent. Les choses ont
changé depuis. Le Cauterets d'à présent est une jolie ville où de grandes
et confortables maisons de granit ont
remplacé les humbles chalets montagnards. Une vingtaine de rues proje-
tées en tous sens, planes et tirées au
cordeau, étranglées et irrégulières,
gravissant les pentes, plongeant dans
le Gave, se sont adjointes au vieux
pertuis de Marguerite. Celui-ci a été
élevé à la dignité de rue principale,
et, vers le milieu de son parcours, à
une sorte de carrefour triangulaire
qu'on appelle la Place, il a poussé un
rejeton qui, après avoir franchi la rivière sur deux ponts justaposés, épa-
nouit sur la rive gauche tout un quartier neuf avec esplanade, jardin anglais, avenues, casino et tout ce qui
s'ensuit. Les deux quartiers se trou-
vent ainsi séparés par le Gave qui,
bondissant, rapide, tournoyant, passe
brutalement entre les maisons en leur
jetant, comme une menace, sa clameur
éternelle.

Le vieux Cauterets de la rive droite,
aussi entassé, aussi resserré, aussi ir-

régulier, que son jeune frère de la rive
gauche est spacieux et correctement
aligné, a cependant aussi sa promenade publique, illustrée d'une foire
permanente, d'un théâtre, d'un pré-
catelan : c'est le Parc, lequel n'est
autre chose que cette enfilade de prairies pittoresques et ombreuses, chères
à l'amoureuse cour de Navarre.

A une portée de fusil en aval, c'est-
à-dire au nord de la ville, les versants
se rapprochent, ne laissant de place
que pour le Gave et la route de Pierrefitte ; à égale distance au sud, même
perspective, à cette différénce près que
la route qui côtoie l'eau mène aux
bains de la Raillière et de Mahourat,
point où la vallée de Cauterets se bi-
furque en les deux gorges de Lutour
et Jeret qui montent en Espagne.

C'est dans ce petit tableau dont le
brouillard m'empêche de voir le cadre,
que s'agitent une douzaine de mille
etrangers, baigneurs convaincus, touristes consciencieux, amants de la
nature, ou simples flâneurs, de tout
sexe, de toute nationalité, de toutes les
couches sociales. Les hôtels en regor-
gent, les maisons en sont bondées.
D'une fenêtre à l'autre, les pianos éta-
blissent des dialogues qui ne sont pas

souvent mieux d'accord que la Gauche et la Droite à Versailles : c'est *Lucie* qui se fait engueuler par la *MèreAngot*, c'est le sempiternel *Trouvère* qui psalmodie à la *Belle-Hélène* ses malheurs de famille, c'est la nouveauté du jour, *Mandolinata*, qui gouaille les airs graves du vieux Beethoven ou les mélodies innocentes de Mozart.

Dans la rue, malgré l'averse, les promeneurs se bousculent : on n'est pas ici pour enfiler des perles, il faut avaler son eau et recevoir sa douche

... Qu'il pleuve ou qu'il vente dehors.

L'esplanade même a son public : il y a des chalands sous l'auvent des barraques qui allongent leur enfilade de boutiques jusqu'au Casino ; et les détonnations qui éclatent à chaque minute, prouvent que les tirs ne chôment point de clientèle.

Nous serons bien placés pour ne rien perdre de ces bruits guerriers, car nous allons loger juste en face de la promenade, dans une maison appartenant à notre hôte, lequel joint les honneurs de la magistrature municipale à la double profession d'hôtellier et de pharmacien. Cette trinité faite homme ne laisse pas de nous inspirer quelques soucis. Comprenez donc : l'hôtellier est intéressé à faire vivre le pharmacien, le pharmacien à épargner le gargotier, et le maire à.... fermer les yeux.

*

Hourra pour le céleste enchanteur qui, d'un coup de sa baguette de feu, a fait de l'humide Tartare un Eden luxuriant et splendide !

Il est six heures du matin. J'ouvre ma fenêtre. Une brise fraîche, imprégnée de la saine odeur des sapins, m'arrive au visage. Le voile de brouillard qui nous enveloppait de ses replis, s'est déchiré pendant la nuit, et ses lambeaux sont partis Dieu sait où. Un soleil radieux éclaire le plus féerique des paysages.

Les colosses entre les jambes des-
quels rampe notre vallée, étalent com-
plaisamment leurs torses monstrueux
qui semblent soutenir le ciel : on dirait
de vieux athlètes orgueilleux de leur
force et de leur stature. Leur poitrine
est velue de forêts, leurs épaules massives sont des rocs aux tons chauds,
une chevelure de neige étincelle à leur
front qu'on aperçoit en raccourci. A
l'est, c'est le Cabaliros, le Peyrenère, le
Monné, le Peguère; à l'ouest, le pic de
Viscos, la Pène-Nègre, le Peyraute.
Entre ces enfilades de Titans, la gorge
de Cauterets s'effile et plonge au nord
vers Pierrefitte et la vallée de Lavedan;
au sud, elle monte et se heurte contre
le pic du Bois, monstre noir tout poilu
de sapins, qui la brise en deux
étroits couloirs d'où sortent des flots
d'écume et dont l'échancrure laisse
entrevoir le blanc profil de lointains
glaciers. C'est dans ce cadre écrasant
de majesté, au plus profond de l'abime
aigu qui sépare ces fils aînés de la
Terre, au milieu d'un entassement confus de rocs penchés, creusés, lavés,
polis, éboulés, brisés, que le Gave
roule en bouillonnant de rage, et c'est
sur les bords de ce furieux que Cauterets éparpille ses maisons coquettes

qui, à cette heure matinale, lancent
dans l'air diaphane de minces spirales
de fumée bleue.

Que tout cela est beau, que Dieu est
grand, et qu'il fait bon vivre avec ce
céleste enchanteur dont la baguette de
feu fait ainsi de la nuit le jour, du deuil
la joie, de la mort la vie !

En rentrant, le soir.

Avant d'éteindre ma chandelle, je
veux consigner ici un fait bien extraor-
dinaire.

Dans le nombre des hôtes actuels de
Cauterets, j'ai pu constater que la gent
ecclésiastique figure pour un contin-
gent respectable. Frocs, soutanes et
guimpes pullulent dans les rues et
les promenades, font queue aux bu-
vettes, aux gargarismes, aux bains,
aux douches, partout. Notre propre table d'hôte est sanctifiée par la présence
d'un grand-vicaire, de trois curés, de

deux dominicains et d'un moine blanc de variété inconnue.

Que diable cela veut-il dire ?

Je vous le demande, mes révérends frères, pourquoi venir acheter si cher l'eau profane de Cauterets, quand vous avez gratuitement à votre disposition, là, tout près, l'eau catholique et miraculeuse de Lourdes ? Pourquoi, mes très chers frères ? mes très chères sœurs, pourquoi ?

Minuit.

Je rallume ma bougie à la seule fin de vous informer que je viens de revoir en songe le petit marchand d'eau, aux paupières de jambon, dont je vous ai parlé à Lourdes. Il mimait la même grimace et faisait le même pied-de-nez.

Etrange !

Dans la Lune.

Nous sommes dans la Lune. La chose
peut vous paraître risquée. Je vous le
dis pourtant : nous sommes dans la
Lune. Et quand vous aurez vu ce qui
m'entoure, si vous n'êtes en matière
d'astronomie aussi inepte qu'un inno-
cent limaçon, vous ne saurez vous retenir de reconnaître : C'est vrai, ils
sont dans la Lune.

A nos pieds sommeille un lac bleu
dont aucune ride n'anime l'éclatant
miroir : on dirait une lame d'acier d'un
kilomètre carré. De toute part, des
sommets arides et neigeux dont les roches effritées ont formé autour de
cette eau morte des talus grisâtres,
hauts de trois mille pieds. Vers le sud,
une large trouée montre un amphithéâtre de glaciers qui semblent se
faire la courte-échelle pour escalader
le ciel, et d'où sort en filets d'écume le
torrent qui alimente le lac. Au nord,
une autre trouée par où le trop plein
s'écoule en silence. Nulle trace de végétation, nul souffle vivant. Tout est
morne, tout est mort. C'est un paysage
des mondes qui ont accompli les dernières phases de leur vie planétaire.

Eh bien ! non, vous n'y êtes point. C'est simplement le lac de Gaube, lequel est perché, en compagnie de beaucoup d'autres, tout en haut des Pyrénées, à deux pas de la frontière d'Espagne, dont le Vignemale tout blanc de glaces est, en quelque sorte, la borne de démarcation. Nous sommes si peu dans la Lune que voici, là-bas, sur la grève d'une étroite crique, une hutte au toit surchargé de pierres, dont la cheminée nous envoie d'appétissantes effluves de friture. Ce matérialisme grossier outrage, j'en conviens, la majesté macabre de ces lieux, mais quoi? Ventre affamé... et nous avons trois lieues de montagnes dans les jarrets.

Vous excuserez ces appétits vulgaires quand je vous aurai dit qu'il faut trois grosses heures pour venir de Cauterets jusqu'ici, par une route qui s'obstine à faire avec l'horizon un angle de quarante-cinq degrés. Nous vivons dans un pays où il faudrait être vraiment déshérité du ciel pour n'avoir pas vu, dans le cours de son existence, au moins une demi-douzaine de barricades. Cette heureuse circonstance me fournit un excellent point de comparaison. Figurez-vous une barricade haute de douze kilomètres, et vous aurez une idée très précise des facilités que la route de Gaube offre aux piétons. Par exemple, si notre être physique est soumis à de lamentables épreuves, pendant ces trois heures, notre être moral exulte d'enthousiasme, ce qui est bien une compensation pour l'ensemble de notre dualité.

Pour venir ici, on contourne, par la gorge de Jeret, la base de ce pic du Bois, «tout velu de sapins», qui, comme vous savez, ferme et brise la vallée de Cauterets du côté du sud. L'homme profite du travail de l'eau qui s'est creusé peu à peu cette route sauvage. Donc, à droite, le torrent qui bondit au fond d'abîmes sombres ; à gauche, la montagne perpendiculaire ; et de toute part des forêts de sapins qui ont poussé partout où le moindre entablement, la moindre fissure, la moindre anfractuosité ont permis à l'humus de s'accumuler. De grandes aiguilles de roche pîquent l'azur au delà de cette zône de végétation qui se fait moins vivace à mesure que l'on monte. Mais la splendide horreur de cette mise en scène finirait par fatiguer l'attention par sa durée même, si le torrent ne se chargeait de tenir l'admiration en éveil par la variété de ses aspects et la magni-

ficence de ses cataractes. C'est d'abord
la chûte d'Escanaga où il fait rebondir
ses volutes énormes à niveau du sentier; puis c'est celle du Cerizey
où il se précipite d'un seul bond au
fond d'une coupure verticale dont on
n'aperçoit pas le fond; ensuite celles du
Pas-de-l'Ours et de Beausset où le Gave
est si resserré entre les parois du
roc, qu'aux temps reculés où les ani-
maux parlaient, un ours et un chien s'é-
tant rencontrés mufle à mufle dans l'é-
troit sentier, le premier franchit l'eau
d'un vigoureux élan plutôt que d'accor-
der à un mâtin roturier une préséance
humiliante pour sa noble corporation;
c'est enfin la cascade du Pont d'Espagne, fameuse dans tout le pays, haute
de quelque mille pieds et où le torrent,
arrivant des plateaux supérieurs, tombe
dans une série de vasques immenses
avant de s'abîmer dans une coupure
insondable. On trouve ici une première auberge, barraque faite de troncs
de sapins, qui s'élève sur la lèvre même du gouffre; car c'est un lieu que tout
voyageur aux Pyrénées est tenu de visiter. Le pont ou plutôt les ponts qui
franchissent les diverses branches du
torrent mènent en Espagne, comme
leur nom l'indique, par le port ou passage du Marcadau.

Peu de jours avant notre arrivée, des montagnards vinrent avertir qu'une colonne de 3 à 4,000 carlistes, affamés, dépenaillés et armés, commençait à franchir le port pour pénétrer en France. De là, panique indescriptible parmi les baigneurs et surtout parmi les baigneuses de Cauterets. Ceux qui connaissent les habitudes.... cavalières des bandes espagnoles en pays conquis ou simplement en pays sans défense, comprendront cet émoi. Mais le télégraphe n'a pas été inventé pour les ours, et le lendemain nos tourlourous, leur bon flingot en bandouillère, émaillaient de leurs culottes rouges le paysage pyrénéen et gravissaient, soufflant et jurant, cet endiablé chemin, traînant après eux quelques crache-mitraille. Au reste, ils en furent quittes pour cette poussée : les carlistes eurent vent de l'arrivée des violons et rechignèrent à la contredanse.

Pendant que je prends mes notes, empalé sur une sorte de ballast naturel dont mon regard peut suivre la pente qui s'enfonce sournoisement sous l'eau limpide et glacée du lac, le gargotier montagnard a fait mijoter à

notre intention un nombre raisonna-
ble de truites sortant des ondes, et il
me semble que le temps utile à cette
vivifiante opération est bien près d'être
écoulé. Je vais employer les deux minutes qui me restent à un pieux pèle-
rinage à la tombe des époux Pattisson
qui, au milieu de ce paysage désolé,
profile tristement sa modeste grille
au-dessus des eaux bleues, sur un
petit promontoire.

C'étaient deux jeunes mariés, en
voyage de noces. Ils vinrent ici tout
enfiévrés d'enthousiasme et d'amour.
Peut-être leur parùt-il *excentrique* de
faire naviguer leur églogue à six
mille pieds au-dessus du niveau de la
Tamise... Le destin leur avait réservé
une excentricité plus rare encore, à
laquelle ils n'avaient point pensé :
c'était de noyer dans ce lac invrai-
semblable leur flambeau d'hyménée.

Mais voici qu'un bruit étrange trouble ces solitudes : on bat le rappel sur
une casserole. C'est l'heure du berger
qui sonne. Jamais je n'ai mieux compris qu'à présent la saine philosophie
contenue dans ce refrain d'une chan-
son de mon pays :

«Vivent la joie et les pommes de terre !»

Cauterets.

C'était hier la Fête des Etrangers.
Grand tralala, piquets plus ou moins
vénitiens, banderolles, lanternes de
papier, courses de montagnards sur le
Péguère, courses de femmes, une am-
phore pleine sur la tête, courses à ânes,
courses en sac, mat de cocagne, séré-
nades, que sais-je ! et finalement illu-
mination boîteuse et feu d'artifice raté.
Telle qu'elle fut, la solennité n'en a pas
moins mis sens dessus dessous toutes
les garde-robes de la colonie et des
indigènes: c'était un tourbillon de soie
et de dentelles, d'habits noirs, de ves-
tes montagnardes et de culottes de
velours. On aurait pu se croire tout à la
fois aux Champs-Elysées et sur les
quais de Barcelone.
Ce matin, j'ai l'explication de la
mauvaise volonté des pétards d'hier
soir. Les sommets « fument leur pipe »,
comme disent les gens d'ici, ce qui est
méchant présage. On dirait, à voir
leur panache de brume, que toutes les
montagnes sont devenues des volcans.
De blancs flocons se traînent çà et là
sur leurs flancs, comme les bribes de
coton sur les vêtements d'un fileur;
peu à peu, ils s'accumulent, puis se

réunissent pour former un seul et uniforme rideau qui s'abaisse de minute en minute. Les montagnes disparaissent les unes après les autres, puis le Casino, puis l'Esplanade, puis les maisons d'en face : tout est dit, nous voilà dans les nuages.

Au Col de Riou.

— Larrieu, faut-il plus d'une demi-heure pour monter là-haut ?

— Bien sûr !

Le soleil se lève radieux. Au bas du versant qui domine Cauterets à l'est, une caravane de voyageurs et de voyageuses, le bâton ferré à la main, se dispose à l'escalade. Larrieu est le guide en chef, chasseur d'ours et chasseur d'isards, personnage d'importance, aussi recommandable par ses vertus techniques que distingué par ses singularités physionomiques. Ses yeux ont la propriété de se disjoindre, l'un étudiant le sol pendant que l'autre interroge le firmament : c'est lui ou sa famille que Gulliver a rencontré dans je ne sais plus quel monde.

Le sentier s'élève en lacets continus le long du versant. On monte gaîment. Les dames lutinent leurs baudets, les jouvenceaux lutinent les dames, la jeunesse dédaigne la route et gravit à pic, les vieux soufflent, traînent la patte et se recommandent à leurs bâtons. Larrieu surveille d'un œil, et gourmande une monture indisciplinée :

— Hue, Marguerite !

. . . .

Première halte : c'est la Grange de la Reine Hortense. Il paraît que l'aimable auteur de *Partant pour la Syrie* a jugé original d'offrir un lunch à sa suite dans cette chaumière plantée sur une verrue de roc qui orne le menton de la montagne, et de laquelle, d'ailleurs, on jouit d'un panorama confortable, même pour une Majesté. On casse une croûte; les hommes allument leur pipe, les dames lampent le lait crêmeux et parfumé des hauts pâturages, et l'on tire ses guêtres.

— Larrieu, y en a-t-il encore pour une demi-heure ?

— Bien sûr !

. . . .

Nous montons depuis deux heures, et le versant est toujours aussi haut : les sommets de la Pène-Nègre et du pic de Viscos semblent reculer à mesure que nous avançons. Le soleil tape roide. Nous sommes dans l'état le plus voisin de la fusion : chacun des cheveux qui me restent, chaque poil de ma barbe forme une petite fontaine qui ruisselle pour son compte. Je tire la langue comme un chien fourbu, et quand il s'agirait de crever de faim, je ne pourrais pas dire : « Du pain ! »

La jeunesse a renoncé à étaler sa souplesse aux yeux des dames qui ne songent plus à montrer leurs dents ni leurs mollets. Les échos sauvages cachés entre les croupes monstrueuses ou dans les noirs bouquets de sapins, regardent ramper en silence la troupe exténuée. Seule, la voix de Larrieu les rappelle de temps en temps aux devoirs de leurs fonctions.

— Hue, Marguerite !

. . . .

Nous avons dépassé les plus hauts châlets des derniers plateaux. La limite des sapins est bien loin au-dessous de nous ; nous gravissons maintenant des pentes couvertes d'une sorte d'ajonc dur et court.

Les vieilles histoires de naufragés trainés en captivité dans le Sahara traversent vaguement ma cervelle détraquée. Je donnerais la tête de Catherine pour un verre de bière.

— Larrieu,...

— Bien sûr ! Nous y sommes ! Encore un coup de collier, monsieur !

. . . .

Enfin, nous y voilà ! Nous avons monté pendant trois heures et demie. La caravane, hommes et femmes, vieux et jeunes, gît pour l'instant, râlant sur le sol comme une poignée de goujons sur une berge. On a compté sans l'autorité :

— Holà ! crie Larrieu. Debout tout le monde, ou gare les pleurésies !

De fait, le vent pique dur, quoique nous nous soyons rapprochés du soleil de quelque deux mille mètres. On se relève et l'on court s'entasser sous l'âtre de l'humble auberge que des montagnards entreprenants ont installée en cet endroit fréquenté des touristes. Bénis soient ces modestes industriels ! Pendant un quart d'heure, on n'entend que des broiements de meules et des glouglous de gosiers.

Mais voici à la petite fenêtre l'un des yeux de Larrieu :

— En route, les voyageurs pour la Pène Nègre et le pic de Viscos !

— Larrieu, y en a t-il encore pour une demi-heure ?

— Bien sûr.

Adieu les quadrupèdes, ici : on serait unipède, qu'on se trouverait déjà embarrassé. Le sentier, large comme la main, semble un fil tendu en diagonale sur le revers de la montagne; un faux pas enverrait le maladroit au fond de la vallée de Luz, avec la désinvolture d'une lettre à la poste. J'entends autour de moi des exclamations d'enthousiasme; j'aime mieux les en croire que d'y aller voir : je n'ai pas trop de mes deux yeux pour surveiller mes bottines, et je ressens certain trouble stomacal qui me prouve combien Pascal avait raison de prétendre que la nature a horreur du vide.

Larrieu a dit vrai : il y a bien une demi-heure; il a même dit triplement vrai, car nous marchons depuis une heure et demie. Mais nous sommes arrivés : encore un gradin de rochers à escalader, et la Pène-Nègre n'a plus rien de caché pour nous.

Nous sommes sur un sommet de dix pas de long et de deux de large, qui d'un côté domine la vallée de Luz, de l'autre surplombe celle de Saint-Savin. L'horizon qu'on embrasse est sans limites : c'est un océan de cîmes aiguës camuses, carrées, déchiquetées, neigeuses, rocheuses, vertes, grises, rouges, blanches, sombres, ternes, étincelantes comme les monts de diamant des contes de fées. Par de là cette mer chaotique, vers le nord, se montre, comme un lointain rivage, une ligne horizontale, bleuâtre et piquetée de blanc : c'est la plaine de Tarbes avec ses bourgs et ses villages. Sur nos têtes, des aigles traversent l'azur de leur grand vol majestueux. Le spectacle est écrasant d'immensité et de splendeur.

— En route pour le pic de Viscos ! s'écrie Larrieu.

— Allez au diable, si vous voulez ! Moi, je reste ici.

Je m'aplatis résolument sur la roche ; d'aucuns imitent à l'instant ce noble exemple ; une demi-douzaine d'enragés persistent seuls à risquer leurs os pour le plaisir de chevaucher ce vieux chameau de trois mille mètres de bosse. Grand bien leur fasse ! Moi,

7

je m'en tiens à celui-ci. J'ai maintenant dans ma cervelle tout ce qu'un
chrétien doit savoir des paysages pyrénéens : ce qu'on voit d'en bas et ce
qu'on voit d'en haut; je recommence-
rais à présent jusqu'à y laisser ma rate,
que je n'en serais pas plus avancé.
Donc, arrêtons les frais. Demain me
verra avaler mon vingt-unième verre
d'eau chaude, ce qui est le nombre
agréable à la Faculté ; après-demain
me verra dévaler dare dare. C'est moi
qui vous le dis.

En retraite.

Quarante-huit heures après, les coqs,
en s'éveillant, assistaient à la manœu-
vre: nous nous repliions en bon ordre et
en bonne voiture sur Pierrefitte, ayant,
comme on dit en langage officiel, atteint le but de notre expédition, qui
était de reconnaître les Pyrénées, comme vous savez.

Nous avions même fait plusieurs

autres découvertes qui n'étaient pas
dans le programme, à savoir : que les
pièces de cinq francs ne valent pas
tout-à-fait vingt sous dans ce beau
pays; que l'eau chaude y est cotée un
peu plus cher que le Clos-Vougeot de
1811 au Café Anglais; que la viande y
est en caoutchouc; que les jardins n'y
produisent que des légumes secs et
des fruits verts; enfin,que les naturels
y sont anthropophages, vu qu'ils s'en-
graissent de la substance des étrangers. Mais ces minces détails n'em-
pêchent pas la Navarre d'être le plus
superbe coin de France,ainsi que nous
le démontre sans réplique le paysage
que la gorge de Saint Savin déroule
sous nos yeux depuis tantôt une heure.

Nous la revoyons au grand jour,
cette route que la nuit nous avait dé-
robée à notre arrivée : c'est tout simplement un chef-d'œuvre issu de la
collaboration de la nature et des ponts-
et-chaussées. Joseph Prudhomme
dirait d'elle que c'est le plus beau
triomphe du macadam sur la matière.

Le long de ce souple et lisse ruban qui
zizague pendant 10 kilomètres, en croupe du gave, au fond du défilé, nous croisons dans la brume du matin les pâtres
montagnards qui poussent lentement

des troupes de bœufs maigres vers les cuisines du Gargantua à dix mille bouches, à qui nous faussons compagnie. Un peu plus loin, c'est une équipe de cantonniers qui répare les avaries de la dernière insurrection des naïades: la route a été rongée comme si tous les ours de la montagne s'étaient mis après. Puis, un grêle carillon nous annonce l'approche du courrier, qui monte au galop de ses petits chevaux pyrénéens ; nous le rencontrons à un endroit encombré de matériaux et d'éboulis : il franchit en cahotant gravats et moellons et file sans s'arrêter. Plus loin, une bande de jeunes excursionnistes se montre, au détour du chemin, Dieu me pardonne ! escortés d'un père Jésuite. Ils marchent gaiement, le sac au dos, le bâton ferré au poing, la pipe d'écume aux dents, vêtus confortablement et coiffés de bérets... blancs. Les habiles gens que ces bons pères, et comme ils s'entendent à se faire comprendre sans ouvrir la bouche !

Mais voici que nous avons doublé le dernier promontoire de ce détroit terrestre : Pierrefitte gît à nos pieds, et la belle vallée de Lavedan étale devant nos yeux la plaine d'Argelès tout enluminée de soleil.

L'hôtel de la Poste—la renommée des truites, ainsi que chacun sait, — est encore silencieux et immobile comme le palais de la Belle-aux-bois-dormant. Sérénade devant la grille, avec solo de fouet. Une porte s'ouvre, et une appétissante hôtellière,

> ... dans le simple appareil
> D'une beauté que l'on vient d'arracher au sommeil,

les yeux gros, les cheveux fflottants sur l'épaule, vient s'informer de nos besoins.

Puis, sans débrider, fouette cocher ! En route pour Gavarnie !

Il s'agit de clôturer la campagne par un coup d'éclat.

A Luz, chez des Templiers.

C'est bien dommage que le roi très-chrétien Philippe-le-Bel ait jugé à propos de brûler jusqu'au dernier tous ces belliqueux révérends, car, en vérité, c'étaient des gens qui s'enten-

. . aient à profiter des biens que Dieu prodigue à ceux qui font vœu d'être siens. Soudards, paillards, pochards, richards, belles fourchettes et fortes épées, on prétend qu'ils avaient en Europe neuf mille communautés, au nombre desquelles celle de Luz ne comptait que pour mémoire; et cependant, je vous assure que je me serais fort accommodé du castel de Sainte-Marie, dont les ruines couvrent une petite éminence, au milieu de cette adorable vallée. J'y suis en ce moment et je prends une idée approximative du plaisir que ces moines-cuirassiers, lointains prédécesseurs de l'honorable capitaine de Mun, devaient goûter chaque matin, au saut du lit.

D'ici on domine suffisamment pour n'en pas perdre un coin, la vallée de Luz, où nous sommes arrivés en une heure de grand trot le long du gave de Barèges, au fond d'une gorge moins escarpée, mais plus profonde que celle de St-Savin. La petite ville de Luz étale sous nos yeux ses maisons irrégulières qui entourent l'église la plus curieuse que j'aie vue de ma vie. C'est la vieille église des Templiers; elle a fidèlement gardé son aspect d'il y a cinq siècles, à l'époque où les montagnards voyaient flotter derrière son enceinte crénelée le manteau blanc croisé de rouge et reluire la grande épée du saint chevalier de garde. C'est, en effet, une forteresse en même temps qu'une église, et pour arriver au sanctuaire, il faut d'abord franchir, sous une herse défendue par une porte fortifiée, un rempart hérissé de créneaux; l'église elle-même est surmontée d'un donjon non moins crénelé, et criblé de meurtrières. Rien de plus réjouissant pour les yeux d'un antiquaire ; rien de plus instructif pour ceux d'un philosophe..., sans compter que l'on chercherait en vain une allégorie plus frappante que ce monument pour symboliser la foi obligatoire, sinon gratuite, instituée par le *Syllabus*.

La petite ville est comme un îlot de pierres jaunâtres au milieu d'un lac de vertes prairies sillonnées de courants d'eaux bavardes et limpides. Au-delà, le Viscos, la Pène-Nègre, le Peyraute et toute la chaîne dont nous voyions la face à Cauterets, nous montrent ici leur dos, au bas duquel se découpe en blanches silhouettes le bourg coquet de Saint-Sauveur.

Derrière nous, la vallée s'effile en un enfoncement d'aspect sinistre où gît Barèges, un endroit que l'on ne fréquente que pour le bon motif, au dessus duquel de grands fantômes se dérobent à demi, aux arrière-plans, dans le brouillard bleuâtre.

Vraiment, MM. les Templiers n'étaient point dégoûtés, et il ne me déplairait mie non plus, sur mes vieux jours, de *humer le piot*, matin et soir, devant un pareil tableau.

De Luz à Gavarnie.

Une belle avenue de peupliers nous conduit à l'autre extrémité de la vallée, où nous retrouvons, pour ainsi dire, la suite de la gorge par laquelle nous sommes venus. La berge sauvage du torrent qui gronde au fond d'un abîme de cinq cents pieds, a été transformée en une esplanade garnie de bancs et de parapets de pierres. On pourrait s'y croire aux Tuileries, sur la terrasse du bord de l'eau. C'est la route. Les confortables maisons de Saint Sauveur et leurs nomades élégants défilent sous nos yeux, simple-

ment séparés de nous par le précipice.
Que dis je? pas séparés du tout, car
voilà un pont, un pont fameux même,
un pont prodige. Il franchit d'une seule
enjambée le gouffre vertigineux, dont
une longue série d'escaliers et de gradins alternés permet d'explorer les entrailles. C'est une coquetterie de l'architecte. De ces *profondis*, en effet, l'arche
unique apparaît comme une faveur
gris-perle tendue en travers du ciel.

Rendons à César ce qui est à César :
c'est à Napoléon, troisième du nom,
que les touristes sont redevables de
ces commodités; c'est lui qui a appri-
voisé ces monts farouches. Au temps
jadis, il n'y avait point, par ici, un seul
chemin chrétien; il n'était promenade
où l'on ne risquât son cou, et les enragés qui s'embarquaient pour Gavarnie
étaient dûment avertis, au préalable, de
se mettre en règle avec leur notaire et
leur curé... En vérité, si les Pyrénées
ne sont pas bonapartistes, il faut dé-
sespérer de la vertu des montagnes.

. . . .

Voilà une heure que nous roulons
entre deux murailles verticales, tantôt
d'un côté du gave, tantôt de l'autre.
Route soignée, mais émouvante : les

parapets de pierre ont fait place successivement à des levées de gazon, puis à des palissades, puis à des haies, puis à rien du tout. Un écart des chevaux mettrait tout l'équipage à même de constater, cent mètres plus bas, si le monde réel des poissons ressemble à celui qu'on représente dans les féeries de la Porte-Saint-Martin,— avantage qui n'excite chez nous aucun enthousiasme.

Enfin, avec du temps et de la patience, nous voyons se desserrer un tantinet le couloir fantastique où nous grouillons en compagnie du gave, comme les empoisonneurs de l'antiquité avec leur vipère dans leur sac de cuir. Un semblant de vallée se creuse devant nous, remplie par un village mélancolique : c'est Gèdre. Une plaque de marbre noir incrustée dans un mur d'auberge, nous apprend que, jusqu'en 1864, les gens de céans ignoraient qu'il y eût au monde d'autres moyens de locomotion que la voiture de Saint François, vu que monture ni véhicule oncques n'avait pénétré jusqu'à eux. C'est à M. Achille Jubinal, député très officiel, qu'était réservée la gloire de venir le premier annoncer *en calèche*, à ceux de Gèdre, que désormais ils fai-

saient partie intégrante et active de
l'humanité civilisée. La plaque en question relate également ce fait qui assure
à feu Jubinal une belle et bonne immor-
talité, — riez en si vous voulez, mais
vous n'en rirez pas le dernier, et tout
bien considéré, je crois que vous n'en
rirez pas déjà tant, si vous daignez
écouter ce qui suit, pendant que souffle
notre attelage, à la porte du cabaret.

Il y a juste un an, je cheminais, dans
les forêts de Bohême, au pied de montagnes fort à la mode, où des roches
basaltiques ont formé un pont naturel
connu de tous les touristes sous le
nom de *Prebish Thor*. En levant le nez
j'avisai sur la muraille rocheuse, tout
en haut, proche de la crête, un nom
tracé en majuscules gigantesques :

KINSLAKE

— Que signifie cette inscription imposante ? demandai je. Est-ce un honneur rendu à quelque herzog saxon
fameux dans les légendes ?

On me raconta alors qu'un particu-
lier obscur, mais industrieux et original, avait parié de conquérir la fortune
et la célébrité en cinq ans, sans plus
ni moins. L'enjeu était considérable,
quelque chose comme un demi-mil-

lion. L'homme, qui avait son idée, ne s'amusa point à enfiler des perles. Il commença presto à courir le monde, s'arrêtant aux lieux célèbres, fréquentés par les savants, les marins ou les touristes, et traînant après lui, en manière de bagage, une demi-douzaine de tonnes d'encre grasse de toutes les couleurs de l'arc en-ciel. Quatre ans après, le nom de Kinslake rayonnait sur tous les points connus du globe, en rouge sur les rocs gris, en noir sur les sommets blancs, en vert sur les roches jaunes, en bleu sur les cîmes vertes : le naturaliste stupéfait déchiffrait ces neuf lettres fulgurantes au Chimborazo et au pic de Ténériffe ; le marin lorgnait ce nom inconnu qui flamboyait sur les falaises du Cap Horn, du Cap Nord, du Cap Farewell, du détroit de Bering, de la mer de Baffin, ou du Spitzberg ; le missionnaire le transcrivait soigneusement sur son carnet dans l'Hymalaya, les Andes, les Montagnes Rocheuses ; les touristes en avaient les yeux fatigués aux Alpes, aux Pyrénées, aux Balkans, au Caucase, au Taurus, aux Ourals, au Valdaï, au Liban, en France, en Angleterre, en Espagne, en Italie, en Allemagne, en

Autriche, en Russie, en Norwège, en
Asie, en Afrique, en Amérique, en Océa-
nie, c'est-à-dire partout. Cette énigme
intrigua les deux mondes, la presse
s'en empara, l'histoire s'ébruita et finit
par faire sensation. Six mois avant l'é-
chéance, le nom du héros était devenu
universel, et l'heureux Kinslake ga-
gnait son pari : il avait conquis du
même coup la célébrité et 25,000 livres
de rente.

Ceci vous prouve, clair comme le
jour, que la manière dont feu Jubinal
chevauche vers la postérité n'est pas
si bête qu'elle en a l'air. Le gaillard
s'est assuré là une épitaphe un peu
bien distinguée et durable, et nos hé-
ritiers, à vous et à moi, auront depuis
longtemps perdu l'habitude de nous
traiter de grigous, que les flâneurs de
l'avenir liront encore cette réclame
posthume en buvant, au seuil de l'auberge de Gèdre, un verre de fil-en-
quatre pour se donner du cœur aux
mollets.

. . . .

Ici le chemin fait une infidélité au
gave pour courir la pretantaine en zig-
zag avec une montagne. Mais sa fras-
que n'est pas longue : au bout d'une
demi-heure, il réintègre ses anciennes
habitudes.

Un moment vient où notre cocher montagnard se retourne vers nous :

— Voici le *Chaos*, messieurs, dit-il.

Nous ne répondons pas, *vox faucibus hæsit :* nous sommes attérés par un spectacle écrasant, monstrueux, extranaturel, que ne peut traduire ni la parole, ni la plume, ni le pinceau. Ce qu'on appelle « le Chaos » est une région où, dans les temps préhistoriques, une montagne entière s'est disloquée et écroulée. Ces ruines de la Terre, gisent là, couvrant toute la pente du Coumélie, jusqu'au milieu du gave, de leurs débris colosses. On dirait un champ de bataille de monstres antédiluviens, dont les cadavres formidables entassés les uns sur les autres, cabrés, écrasés, raidis, se sont peu à peu pétrifiés dans l'attitude convulsée où la mort les a saisis. Cet effroyable charnier de pierre, cet ossuaire titanesque, haut et long d'une demi lieue, semble être le royaume de la Désolation : pas un brin d'herbe sous le ventre de ces mastodontes de granit, pas un bruit autre que celui de nos pas, pas un mouvement autre que celui du torrent qui rampe, humble et craintif, entre les géants trépassés qui encombrent son lit.

La vue de notre victoria arrêtée près de l'un d'eux, au bas de la pente, nous choque comme un anachronisme ridicule. Que dis-je ! notre propre personne nous fait l'effet d'une pitoyable plaisanterie. Au milieu d'une pareille hécatombe, l'œil cherche machinalement à l'horizon la stature d'athlète des paladins épiques, le flamboiement de l'armure de Roland campé sur son destrier de fer ou appuyé sur sa large épée.

Mais nous autres, bourgeois chétifs et étriqués...

—Ah, malheur ! Allons-nous-en, pays; nous avons l'air, ici, des marionnettes de Lilliput sur le nombril de Gulliver !

. . . .

Le défilé a changé d'aspect. Nous ne sommes plus enfermés dans des parois à pic : route et gave courent côte à côte dans une longue vallée formée, comme celle de Cauterets, par les versants directs des hauts sommets. Le paysage est morne, la végétation souffreteuse, rare, presqne nulle. Des cimes blanches de neige surgissent de toute part.

Dans un creux sont éparpilleés quelques maisons et une petite église.

Ce hameau perdu est l'un des lieux les plus réputés des Pyrénées : c'est Gavarnie.

Tout auprès du pont de pierre qui franchit l'eau, est une grande ferme dont une nuée de guides, mâles et femelles, bipèdes et quadrupèdes, encombre la cour : cette ferme est une hôtellerie, l'*Hôtel des Voyageurs*. A peine entrés, nous sommes pris d'assaut, happés par cent paires de mains, léchés par vingt mufles qui pénètrent sans cérémonie dans la voiture, ahuris par le charivari de la concurrence. En vain la force armée tente de nous secourir, en la personne d'un bon gendarme : elle ne réussit qu'à partager notre défaite. Pékins et militaire sont submergés par le flot vivant et roulent pêle-mêle dans un fouillis de pattes, de jambes, de bras, de queues, de jupes montagnardes. Dans la bagarre, j'ai le bonheur de discerner une oreille à porté de ma bouche et la lumineuse inspiration d'y déposer la promesse de me donner à celui ou à celle qui nous débarrassera des autres. Le *Fiat lux* de la Genèse n'eut pas d'effet plus instantané. Deux battoirs sortent aussitôt de cette jungle animale qu'ils défrichent vigoureusement et en deux temps. Nous en sortons indemnes, à l'exception de la gendarmerie blessée dans sa coiffure et dans sa dignité.

Vœ victis ! Tant pis pour les éclopés. Il s'agit d'aller grand train, car nos jarrets en ont maintenant pour une grande heure. On dégaîne subtilement les bâtons ferrés.

Le sentier rejoint le torrent qui, à ces hauteurs, coule à niveau de la vallée, où il s'étale par endroits comme une petite mer roulant moins d'eau que de galets.

Voici que les montagnes rapprochent leurs croupes arides. Il faut gravir un étranglement où le gave se tord et beugle. La passe franchie, on donne du nez sur un châlet accroupi dans une dépression, — le «restaurant de la Cascade» s'il vous plaît, — et le Cirque, le célèbre Cirque étale devant nos yeux ses merveilles sans égales.

Vous saurez qu'on donne ici ce nom de *Cirques* à quelques vallées supérieures, de forme circulaire, et fermées de toute part, à l'exception d'une seule issue, par des parois verticales. Vous pouvez, à la rigueur, vous figurer l'intérieur d'un Colysée immense, haut de quelques mille pieds, sans fenêtres ni gradins : vous aurez ainsi une cer-

taine idée, non de l'aspect, bien enten-
du, mais de la structure des cirques pyrénéens. Celui de Gavarnie passe pour
le plus majestueux ; c'est en tout cas
le plus accessible et le plus connu.
Mais ici encore, on se trouve en face
d'un spectacle qui défie toute description : on ne peut bien comprendre que
par les yeux.

Le *cirque de Gavarnie* a une lieue de
diamètre, et ses murailles de montagne
de trois à six mille pieds d'élévation ;
sur tout son pourtour les cascades
jaillissent par milliers, sans réussir à
arriver jusqu'en bas, sauf une seule,
— la *cascade de Gavarnie;* — toutes les
autres se volatilisent avant de toucher
le sol. Ce vertigineux amphithéâtre,
d'un gris sombre et nu comme l'intérieur d'un vieux monument de granit,
est d'une régularité presque géométri-
que. Les neiges et les glaciers éternels
l'ornent de frises comme le Grand Architecte seul sait en construire. Au
fond est perpétuellement en scène un
acteur mesuré à la taille d'un pareil
théâtre : la grande cascade, qui précipite
en une seule nappe de quinze cents pieds
son énorme masse, moitié eau, moitié
vapeur ou poussière liquide, qui flotte
en flocons écumeux, plutôt qu'elle ne

tombe, dans l'air diapré de cent arcs-en-ciel. On dirait de longues draperies blanches, frangées de paillettes d'argent, qui se succèdent sans cesse, glissant lentement les unes par-dessus les autres, et devenant plus diaphanes à mesure qu'elles approchent du sol,

En une heure, on gagne le pied même de cette cascade merveilleuse, mais quand on s'est éreinté à escalader les entassements de rocs qui forment le pavé diabolique de cette enceinte, à franchir les torrents sur des galets branlants, à se mouler rudement sous toutes faces sur les couches de neige comprimées là au fond par les avalanches de cent siècles, on s'aperçoit .. qu'on n'aperçoit plus rien, par la raison qu'on se trouve au pied même de plans démésurément verticaux. Mettez ceci dans vos papiers, bonnes gens de Flandre; et, si les hasards de la vie vous amènent par ici, un jour qu'ils seront de bonne humeur, restez tout bourgeoisement assis sous le hangar du «Restaurant de la Cascade» à contempler, sans fatigue, dans son prestigieux ensemble, ce sublime monument de la nature, que les plus nobles patriarches pyrénéens ne dédaignent pas d'admirer par-dessus ses murs ; — car

parmi tous les fronts chevelus qui
se dressent autour de vous, on vous
présentera l'Astazou, le Marboré, le
Taillon, le Vignemale, le Mont-Perdu,
le Casque et la Brèche de Roland, c'est
à dire ce que l'aristocratie des montagnes compte de plus huppé.

— Bien sûr que ces messieurs cou-
chent à l'hôtel ?

— Hein ? Oui, à l'hôtel de la Poste, à
Pierrefitte, la renommée des truites, où
notre souper mijote présentement.

L'honnête montagnard, d'un geste
qui nous donne la chair de poule,
nous montre l'horizon qui s'embrume
derrière nous.

Demi-tour, et pas accéléré. Une heure
après, nous montons en voiture, en so-
ciété de noirs pressentiments.

— Nous voilà propres, avec cette
route infernale... Gueux de crépuscule !... Ne pourriez vous l'arrêter un
brin ? dis-je au bon gendarme.

— Le nommé Crépuscule ? répond-il.
Inconnu au bataillon... et pas d'ordre !

J'en rirais comme un cent de mouches,... si j'étais à table. Pour l'instant, je dis mes prières.

Pau, hôtel de France.

Pau ! La cité chaude et lumineuse où naquit Henri IV et où viennent mourir les poitrinaires ! Le vieux château, massif et raide, au milieu de ses tours carrées, est là debout sur le bord du plateau, entre deux jeunes palais plus grands, plus riches et surtout plus gais que lui, l'hôtel Gassion et l'hôtel de France. Il est là, assistant, immobile et pensif, à l'épanouissement de la vie moderne, à l'éclosion de ces inventions étranges dont les bruits stridents troublent sa méditation, comme le chevalier de la ballade que la Mort avait oublié et qui voyait avec stupeur les flots des générations nouvelles se succéder autour de son incurable vieillesse.

La gare est au bas de la longue côte sur laquelle est batie la ville, au bord même du gave qui, ici, a gagné en largeur ce qu'il a perdu en turbulence. Une esplanade touffue, pour le moment poudrée à blanc, tant la sécheresse est grande, conduit les voitures du chemin de fer à l'intérieur de la ville; mais il n'est pas défendu aux piétons d'abréger la distance des trois

quarts en montant tout droit par des
ruelles en pente, — latitude dont nous
nous empressons de profiter, et qui
nous permet de nous prélasser au balcon de l'hôtel de France pendant que
les voyageurs méticuleux attendent
encore leurs bagages en maugréant
dans les omnibus. Le panorama que
nous avons sous les yeux suffirait à
justifier l'engouement des étrangers :
une plaine immense, toute verte, où
les villas, les châteaux, les cottages,
les maisons coquettes sont éparpillés
par milliers ; des collines boisées bri-
sent le plan horizontal juste à point
pour éviter la monotonie, et s'éta-
gent en amphithéâtre, jusqu'aux Pyrénées ; au fond, celles-ci découpent
en azur sombre sur l'azur lumineux
du ciel, leur silhouette superbe, depuis le pic du Midi jusqu'au pic de
Sesques. On dirait une famille de
géants qui passe à l'horizon.

De la place Royale qui forme terrasse au bord de l'escarpement, les
bonnes gens de l'endroit jouissent
gratuitement de cette vue que nous
payons ici fort cher, et qui en fait une
place comme il y en a peu, comme
il n'y en a guère, et même comme
il n'y en a point. Je n'en dirais

pas autant du Béarnais en marbre
blanc qu'on y a planté,—probablement
malgré lui, car il fait une grimace qui
contraste douloureusement avec la réputation de bonne humeur de ce dia-
ble-à-quatre vert galant. Oublions ce
mouvement de dépit bien pardonnable
chez un homme qui se voit si mal
compris et si maltraité par l'artiste
chargé de transmettre sa personne à la
la postérité, et allons surprendre le
meilleur de nos rois dans sa propre
demeure, toute pleine encore de sou-
pirs étouffés, de frais éclats de rire,
de pas furtifs, de parfums féminins, de
fanfares de chasse, de bourrasques
conjugales, de souvenirs de guerre et
d'amour.

Touriste romanesque ou antiquaire,
croyez m'en, gardez-vous de franchir
le portique Renaissance qu'un architecte anachronique a encastré dans ces
donjons du moyen âge; que si, au
contraire, vous êtes avant tout friand
d'appartements luxueux et de bibelots
royaux, mettez que je n'ai rien dit, et
allez-y gaiement. En deux mots comme
en cent, du Béarnais il ne reste que les
murs; l'intérieur est magnifique, res-
plendissant de dorures, fouillé de sculp-

tures, lambrissé de hautes-lisses superbes, bondé des reliques somptueuses de tous les rois successeurs de celui qui trouvait que Paris valait bien une messe, mais tout cela n'est qu'artifice : les maçons du XIX⁰ siècle ont passé par ici. Comme musée, succursale de Cluny, c'est parfait; comme souvenir intime parlant au cœur et à l'imagination, néant.

N'ayant point la prétention d'écrire un catalogue, je m'abstiens de vous donner la nomenclature des objets divers qui me passent sous les yeux, depuis l'écaille de tortue qui servit de berceau à la victime de Ravaillac, jusqu'aux joujoux de Charles X. Le moindre coup d'œil jeté sur la ville fera mieux notre affaire.

Ce n'est pas que le moment soit propice : le soleil transforme en fournaise ces rues aux maisons blanches, et l'on n'y aperçoit point la queue d'un chat. Pau est une ville d'hiver, me dit l'hôtelier ; c'est pendant que nous grelottons dans nos brumes de décembre, qu'il faut venir la voir, regorgeant d'étrangers accourus de tous les pays d'Europe, alors que les maisons deviennent trop petites, les rues trop étroites, qu'on fait queue à la porte des hôtels et que la vie atteint des prix fantastiques. Mais qu'y faire? Puisque nous y sommes et qu'il fait si chaud, hâtons-nous de traverser ses places régulières, ornées de caisses d'orangers et de lauriers roses, ses rues propres, bien bâties et désertes, et rafraîchissons-nous, *sub tegmine fagi*, dans le jardin public qui communique par un pont monumental avec la terrasse du château. La solitude m'autorise à goûter sur le gazon les douceurs d'un repos champêtre que j'utilise pour noter diverses choses, à savoir : que la route de Pierrefitte jusqu'ici suit à peu près le cours du Gave dans la plaine de Pau, que ladite route est agréable sans imprévu ni émotion, et qu'on faisait probablement relâche à Lourdes quand nous y sommes repassés, car le hangar aux bagages était vide et nous n'avons aperçu, en fait de pèlerins, qu'un ecclésiastique adolescent accompagnant une vieille femme idiote.

Bayonne, hôtel Saint-Etienne.

Pour ceux des Fidjiens qui aiment le pot-au-feu, je serais en ce moment un fin morceau : je viens de cuire à petit bouillon quatre heures durant. J'ai les meilleurs renseignements pour écrire les impressions de voyage d'une langouste autour de la marmite. Tudieu, quel bain-marie !

De Pau à Bayonne, route assommante. La vengeance est étrangère à cette appréciation.

Par opposition, Bayonne me paraît enchanteur. Pour passer de la gare en ville, on traverse, sur un merveilleux pont d'un demi-kilomètre, l'Adour aux flots bleus, profonds et puissants, aussi large que le Rhin à Cologne. A côté des nouveaux quartiers, aérés, plantés et corectement alignés, courent les rues originales de la vieille ville où la voie publique rampe sous les maisons dont les façades, soutenues par des arcades basses, étranglent au passage le soleil trop ardent.

. . . .

A mesure que la nuit tombe, je retourne peu à peu à un degré satisfaisant de crudité. Les réverbères s'allument, les cafés s'illuminent sur le quai et la lune dans le ciel. Il y a foule sur le boulevard du Gouvernement et sur la place Gramont que sillonnent en tous sens les équipages venant de Biarritz. On parle avec animation, on gesticule, les femmes rient haut en montrant leurs dents blanches et leurs bras nus, les vêtements sont clairs, les robes légères laissent entrevoir les épaules rondes : c'est bien le vrai Midi.

Tambours et fanfares : c'est la retraite. Ce tintamarre oublié réjouit mon oreille de vieux garde-national. Un remou dans la foule : ce sont les tapins qui passent au pas accéléré. Salut au pantalon garance, culotte de la patrie ! Illustre Ratapoil, je te comprends et je t'aime !

Du pays où fleurit l'oranger.

Ce matin, pendant que Phébus encore somnolent se frottait l'œil à l'horizon, le train d'Espagne nous emportait à travers les landes buissonneuses qui bordent le golfe de Gascogne. En comptant le mécanicien, le chauffeur et le garde-frein, nous étions bien une demi-douzaine de voyageurs. Le pays où fleurit l'oranger a perdu sa clientèle depuis qu'il y pleut du fer. Moi, j'ai pris double parapluie : un du consul espagnol, un du comité carliste; et j'ai laissé mes écus dans ma sacoche, par la raison qu'il ne faut point tenter le diable.

Comme une senorita coquette qui minaude derrière son éventail, la mer se montre par échappées entre les dunes parsemées de maisonnettes. Nous passons devant Saint-Jean-de-Luz, la forte cité du moyen-âge, devenue maintenant une bourgade proprette que l'Océan bombarde de son écume, dans ses colères, en attendant le jour prochain où il la prendra d'assaut. Deux tours de roue, et nous sommes à Hendaye, élevée à la dignité de tête de ligne par la volonté de Charles VII, roi des Espagnes *in partibus infidelium.* Tout le monde descend, cela va sans dire ; ce «tout le monde,» défalcation faite des employés, se compose de trois personnes : les deux flamands que vous savez et un Yankee qui fait son tour d'Europe en conscience.

— You look like an Englishman, sir ; are you ?

L'infortuné, qui ne parle même pas le français comme une vache espagnole, me propose une alliance défensive que j'accepte: il est toujours bon, à l'étranger, d'avoir l'Amérique dans sa manche.

— Ces messieurs vont à Fontarabie? nous insinue une sorte de gondolier à la peau dorée, bâti comme un Apollon.

Dix minutes plus tard, après avoir traversé le joli village d'Hendaye étagé sur un coteau, nous descendons sur la grève, à l'embouchure de la Bidassoa, et l'Espagne se révèle à nous dans un riant tableau. Au premier plan, la rivière, large d'un kilomètre et demi peut-être, s'enfonçant d'un côté entre les contreforts des Pyrénées, et de l'autre se confondant avec la mer bleue; sur la rive opposée, une colline que couvre un entassement confus et pittoresque de remparts en ruines et de maisons antiques dominé par une cathédrale compliquée et un donjon obèse ; au fond, une chaîne de hauteurs qu'anime — en les sanctifiant — un couvent aux blanches silhouettes ; et, par dessus tout cela, la lumière intense et chaude et l'azur ardent du «beau ciel des Espagnes», comme dit le couplet, qui ne ment pas.

— Baoum ! Baoum ! rugit à l'horizon une basse-taille invisible.

— How ! fait l'Américain en dressant l'oreille, What is it?

— Pas faire attention, réplique l'Apollon de cuivre : c'est les gens d'à côté qui s'expliquent.

En un quart d'heure, la Bidassoa est franchie et nous abordons une estacade où des mariniers-lazzarones dorment au soleil. Le rempart jaunâtre se dresse à deux pas, à mi-hauteur du côteau : il en reste juste assez pour justifier l'existence de la porte, une porte sans porte, autrement dit une arcade en ogive dans un pan de mur. Cette fortification en disponibilité sert de portique à la *Calla mayor*, type classique des vieilles rues espagnoles, avec leurs splendeurs et leurs misères, leur coloris et leur abjection. C'est une voie en pente, étroite, bordée d'antiques palais devenus masures. Des écussons empanachés, de riches balcons, des dentelles de pierre, des grilles flamboyantes et compliquées, des portes surchargées de sculptures frustes et dont chaque ferrure fut un chef-d'œuvre, attestent l'opulence de leurs anciens propriétaires; aujourd'hui, d'horribles vieilles y vendent, au rez-de-chaussée, des galettes d'un sou à messieurs les militaires, pendant qu'aux balcons, entre les loques qui sèchent au soleil, on entrevoit le buste demi-nu d'Andalouses à prix réduit.

A l'extrémité de la *Calla mayor*, près de la place, est la cathédrale qui de loin fait si fière mine. Mieux vaut ne pas la voir de près. Pour le moment le temple est devenu casemate : portes et fenêtres sont murées et crénelées. Proche de cette caserne bénite, est le château ou plutôt les débris du château de Sanche-le-Fort, qui moisit lentement sous une couche de mousse.

Quant l'étranger est arrivé au haut de cette rue étrange, superbe et hideuse comme une toile de Goya, le mieux qu'il ait à faire est de retourner sur ses pas, car le reste de la vieille cité noble n'est qu'un chantier de démolition. On se croirait dans le domaine de don César de Bazan, ou plutôt dans une ville prise d'assaut et mise à sac. En fait d'habitants, on n'y aperçoit que des soldats et des misérables ; dans les quelques rues demeurées debout on chercherait en vain un bourgeois ou une femme du monde : tous ceux qui avaient quelque chose à perdre, n'importe quoi, ont mis entre eux et la soldatesque ou les monts ou le fleuve.

— Boys ! me dit l'Américain en me montrant les fantassins du roi Alphonse qui ont, en effet, plutôt l'air de collégiens que de guerriers.

J'interroge un jeune officier sur les moyens de gagner Saint-Sébastien :

— Voilà la réponse, réplique-t-il en riant

— Baoum ! baoum ! continue à rugir derrière la montagne la basse-taille de tout-à-l'heure.

— Et au couvent là-haut, y peut-on aller ?

— A vos risques : les carlistes y sont.

— Cela suffit. En route, pays ; Go-ahead, Jonathan ! Never mind, j'ai mon parapluie.

Nous foulons gaiement la terre d'Espagne, heureux de jeter par dessus les monts notre coup d'œil sur l'intérieur et comptant sur le panorama pour nous indemniser de nos sueurs. Nous marchons depuis une heure dans une plaine, puis sur des pentes incultes : le couvent de Notre-Dame de Guada-

lupe, qui grandit devant nous, se détache en vigueur sur le bleu du ciel,
dans une échancrure de la ligne de faîte.
Holà ! ne vois-je pas un point blanc,
derrière ce talus ? Aïe ! c'est un béret;
il s'agit d'ouvrir l'œil. Commençons par
l'éclairer sur notre nationalité. A moi,
Desrousseaux !

> Manicour est l'bieau garchon qu'j'aime.
> C'n'est point sans raison....
> Fille' qui n'a point connu l'amour
> C'est quell' n'a point vu Manicour !...

Cette manifestation lyrique et lilloise
produit un effet imprévu : une demi-
douzaine d'autres bérets sortent des
anfractuosités comme des diables
d'une boîte à treize sous, et bondissent
sur la route. On parlemente, les bérets
en charabia, moi en français, le yankee en anglais : on se comprend comme' à Babel. Je tire mon sauf-conduit:
les bérets ne savent pas lire. Je tente
la corruption: les bérets empochent ma
monnaie. Nous avançons du pied gauche : les bérets mettent leurs fusil en
travers. Jonathan pousse au cramoisi,
il relève ses manches et ferme ses gros
poings: un béret le met en joue. Inutile d'insister. Face en arrière, et sub·

9

tilement. Jonathan se soulage en ex-
pectorant des jurons transatlantiques.

— Baoum ! Baoum ! lui répliquent
les ophycléides de Mein herr Krupp.

Si, seulement, ces gueux de bérets
avaient rendu l'argent !

Biarritz, à la lumière électrique.

Je ne sais pas si Jupiter essaie un
nouveau tonnerre, mais dans ce cas,
il faut avouer que le père des dieux a
mis la main sur un instrument tout-
à-fait perfectionné. Jonathan, qui est
pourtant du pays où l'on invente les mo-
nitors et les canons-volcans à trente-
six coups, en est lui-même émerveillé.
« Beautiful ! splendid ! wonderful !
Dreadful ! » murmure-t-il en mâchon-
nant son cigare éteint. Le fait est que
le spectacle ne manque pas de saveur,

Je dois vous dire, pour expliquer notre présence ici par ce temps extraor-
dinaire, qu'à la suite d'un conseil de
guerre tenu sur les bords enchanteurs
de la Bidassoa, il a été décidé que nous

irions noyer dans les délices de cette petite Capoue maritime la honte de la défaite que nous a infligée l'armée de don Carlos.

En conséquence, nous avons réintégré notre wagon, lequel nous a honnêtement déposés, une demi-heure après, à la gare de Biarritz. Mais les vents et les flots sont, comme vous le savez, encore plus changeants que le suffrage universel : ces trente minutes avaient suffi pour retourner complétement l'état politique de l'atmosphère. Il y avait eu, paraît-il, dans l'Olympe, une séance orageuse, le ministère du beau fixe avait été renversé en un tour de main et le gouvernement de combat était entré en fonctions sans crier gare. De bleu qu'il était, l'horizon était devenu noir en un clin d'œil; les vexations d'un vent batailleur avaient succédé aux parfums de la brise conciliante; l'air, rempli de fluides redoutables et traversé de sourds grondements, était tout chargé de menaces. Victor Hugo l'a dit, la tempête a l'envergure de l'infini; je ne sais pas s'il a ajouté qu'elle a la foudre pour locomotive : c'est, en tout cas, la pure vérité. Nous étions trempés comme des polypes avant d'arriver aux premières maisons.

Second conseil de guerre, sous l'or-
me. Beaux mouvements d'éloquence :
«Compagnons d'aventures, de gloire et
d'infortune! les éléments se joignent
aux hommes pour nous accabler en ce
jour fatal; écrasés et vaincus par les
uns, fuierons-nous devant les autres
et changerons-nous notre défaite en
déroute ? non, vous rejeterez cette
perspective avec l'indignation du vrai
courage. Cambronne s'est immortalisé,
dans une circonstance non moins dé-
sespérée que la nôtre, par une parole
de brave que vous répéterez avec moi.
D'ailleurs, le flot supplémentaire qui
s'écoule par nos pantalons vous prouve
surabondamment que nos pelures
contiennent leur maximum de liquide,
et que, plût-il maintenant sur notre
dos pendant cinquante ans, il n'en serait pour nous ni plus ni moins. Donc,
allons-y gaiement !»

Jonathan, qui n'a pas compris un
mot, a répondu : «All right ! » et nous
avons emboité le pas. Nous avons flâné
tranquillement par les rues, les plages
les jardins et les rochers apprivoisés,
comme s'il avait fait le plus beau
temps du monde, sans seulement ac-
corder un regard aux baigneurs et

baigneuses qui, réfugiés dans les cafés, au Casino, dans les magasins ou sous les vérandahs, se montraient, en riant, trois excentriques errant, à moitié fondus, sous les flots de pluie fouettés par le vent.

Biarritz est bien la «place de bains» la plus féerique qui se puisse imaginer. Un vieux flamand qui a passé sa vie derrière son comptoir, comme il est de coutume dans son pays, n'a pas, comme bien vous pensez, la prétention de connaître en détails tous les Bains de mer des deux mondes ; mais je n'en maintiens pas moins ce que je viens de dire. La mer bleue de la baie de Biscaye, le ciel bleu du pays basque, une ville de plaisance qui réunit tous les conforts, tous les luxes, tous les plaisirs, un paysage qui joint le charme de la nature aux commodités de l'art et où le pittoresque sauvage a été partout asservi, dompté, domestiqué par la main dorée des capitalistes, des falaises farouches sous lesquelles on a percé des tunnels pour l'aisance des équipages, des écueils battus par le vieil océan que l'on aborde par des ponts suspendus, des abîmes rocheux où la grande vague d'Amérique vient apporter l'écho de la clameur de

guerre des Indiens des pampas et
dont on a fait des écoles de natation,
des plages adorables blotties entre des
promontoires, sur la falaise des ruines qui rappellent le port-franc du
moyen-âge et ses hardis coureurs de ba-
leines, des rues chatoyantes et originales, des promenades ombreuses, une
foule bigarée de coquets cottages, de
magasins brillants, de maisons bour-
geoises, d'hôtels princiers, de villas
correctes et de chateaux opulents,
enfin une population d'aristocrates
cosmopolites... que, diable, pour-
rait-on souhaiter de plus, quand
bien même on aurait dans ses poches
tous les **talismans** des *Mille et Une
Nuits?* Ils serait bien impossible à la
lampe merveilleuse du seigneur Ala-
din d'éclairer un spectacle plus en-
chanté que celui que la foudre, qui transforme en ce moment le ciel noir en un
cratère à jet continu, illumine sous nos
yeux de ses feux livides.

Du sommet d'une haute falaise, que
les gens d'ici appellent l'Atalaye, et
que surmonte une tour à signaux, nous
dominons Biarritz et ses rivages : à
chaque éclair, ce prodigieux ensemble
émerge de l'obscurité — car la nuit
est venue en croupe de l'ouragan — et

apparaît à nos yeux éblouis comme le décor d'un ballet féerie aux rayons de la lumière électrique. C'est cette apothéose intermittente, bien plus encore que les éclats de l'artillerie céleste, qui arrache à Jonathan ses exclamations exotiques.

Voici le Port-Vieux, étroitement encaissé dans ses murailles de roc, le Cucurlong, sur lequel on a fiché une statue de la Vierge comme un plumet sur un shako, le Boucalot qui bloque le port au milieu des vagues, la Roche-Percée, le Pont-du-Diable, le chaos de Chinaougue, la plage des Bains, les Thermes moresques, le richissime Casino, puis l'amphithéâtre des maisons qui gravit les côtes et s'enfonce dans les creux, puis... plus rien ! la merveilleuse vision s'est évanouie; plus rien, que les ténèbres opaques avec les longs hurlements du vent brutal, la mitraille de l'averse et le crépitement furieux du tonnerre.

De Bayonne à Bordeaux.

La Fayette et Washington se sont dit adieu, la France s'est séparée de l'Amérique.nous avons quitté Joathan : l'honnête Yankee, notre compagnon de trois jours, nous a prodigué le *handshakes* en nous donnant rendez-vous dans le Nouveau-Monde, mais j'ai idée qu'il a voulu dire dans l'autre monde.

Nous avons également quitté Bayonne, en laissant un regret à ses adorables environs et aux rives charmantes de l'Adour.

La belle rivière, en personne bien élevée, nous fait la conduite jusqu'aux limites de son domaine : c'est au Boucau seulement qu'elle cesse de caracoler à notre portière, pour aller piquer une tête dans la vague. Nous voyons d'ici, au bout du chenal, une haute muraille d'écume : c'est là qu'elle prend son bain, avec des ébats qui ruinent le port de Bayonne ; c'est la barre de l'Adour. Le train s'ébranle : le fleuve se cache derrière un rideau de pins qui va nous envelopper jusqu'à Bordeaux de ses replis monotones. Quatre heures de grande vitesse dans une forêt de cierges. De temps en temps, des gares

— en bois — environnées de trois ou quatre métairies — en bois — ou de raffineries de résine —en bois — forment comme des points d'orgue dans ce plain chant; une ou deux échappées montrent des lambeaux de lande encore insoumis au planteur. Ce sont là les seuls incidents de cette longue route où notre brave ami Jonathan pourrait se croire chez lui, dans les défrichements du Colorado ou du Nevada.

La lande, avec sa poësie vague, son immensité mélancolique que hantaient ça et là, ainsi que des spectres fantastiques, d'étranges pasteurs aux jambes démesurées, la lande n'est plus qu'un souvenir. Un voyageur compatissant m'assure, il est vrai, qu'au delà de cette épaisse zône de forèts que le chemin de fer traverse en ligne droite, comme un trait d'arbalète tiré de Bayonne à Bordeaux, la lande, la vraie lande, in - culte, ravinée, immense, existe encore, couvrant de ses ajoncs brûlés, de ses cailloux arides et de ses fondrières croupissantes des territoires grands comme des provinces. Je veux bien le croire, mais je n'en vois rien ; et il a beau dire, la lande a dans l'aile le plomb du progrès moderne, et le temps n'est pas loin où le dernier échassier landais mettra au même râtelier ses jambes postiches et ses flèvres paludéennes. J'en suis ravi comme citoyen et navré comme touriste.

Bordeaux, Hôtel de Nantes.

— A quel hôtel faut il conduire ces messieurs ?

— Cela m'est égal, pourvu qu'il soit bon et sur les quais.

Et voilà comment, accoudés au balcon de l'Hôtel de Nantes, nous fumons notre cigare devant la vaste perspective de la Gironde.

A travers une forêt de mâts, au-delà d'une profonde bordure de navires de toute taille et de tout pays, nous apercevons l'eau jaune du fleuve, large comme une rade. A droite, il s'éparpille pour passer coup sur coup sous les innombrables arches du Grand-Pont et sous les pilotis de la passerelle du chemin de fer. A gauche, s'élargissant toujours, il roule à pleins bords vers la mer, en

se tordant comme un reptile monstrueux. Des steamers en partance
fument devant les colonnes ros-
trales qui ornent l'escalier des Quinconces. Les quais sont pleins de bruit
et d'agitation : d'interminables chapelets de wagons encombrent le bord de
l'eau, les voitures et les chariots se
croisent sur la chaussée, et les piétons
affairés se bousculent sur les trottoirs.
Voilà la place de la Bourse avec ses
façades monumentales et sa fontaine
de bronze vert, et la Porte des Saliniè-
res dresse, là-bas, en face du Pont, son
arc-de-triomphe Louis XIV. Tout cela
n'est pas d'une ville de province, c'est
l'aspect d'une cité cosmopolite, presque d'une capitale.

Arcachon.

N'étaient le varech et les mouches,
ce serait ici le coin de prédilection des
gens de corps malingre ou d'humeur
placide. Pas de lame tapageuse, pas de
vent turbulent, pas de rocs drama-

tiques : rien qui heurte les sens ni l'esprit. La plage, égale, douce, mono-tone comme une existence de couvent, se déploie à perte de vue autour d'un golfe de vingt lieues de tour, qui ne communique avec la pleine mer que par une étroite passe de trois kilomè-tres : c'est ce qu'on appelle le Bassin d'Arcachon. La rive nord est aride : elle trace à l'horizon une ligne jau-nâtre, ondulée, piquée de points rouges dans lesquels une bonne lunette vous fait reconnaître des cabanes de pê-cheurs ou des réduits de bourgeois amis de la solitude; la rive sud, au contraire, celle où est bâtie la ville, est accidentée de hautes dunes et cou-verte par une forêt de pins, d'humeur envahissante, dont l'avant-garde se faufile entre les maisons, presque jus-qu'à la limite du flot. Cet ensemble est d'un calme que je recommande aux femmes nerveuses ; cela tournerait même promptement à la fadeur, si l'originalité de la ville et l'agitation de la multitude ne se chargeaient de pi-menter à point le ragoût.

Tout le long de la côte, entre la plage et la forêt, à cinquante pas du niveau de la marée haute, règne une rue qui est, pour le flâneur, l'une des princi-

pâles attractions d'Arcachon. Cette
rue, qui n'a guère moins d'une demi-
lieue de longueur, est bordée d'un
côté par une suite ininterrompue de
magasins de toute sorte, de cafés, de
cafés-concerts, de restaurants, établis
dans de simples rez-de-chaussée que
ne surmonte aucun étage; de l'autre,
par des hôtels et des cottages élevés
au milieu de jardins qu'une grille sépare de la rue, et ayant tous une se-
conde façade sur la plage. L'aspect de
cette interminable rue aux constructions basses, aux enseignes innombrables de toute forme et de toute
couleur, où filent des équipages excentriques au milieu d'une foule bigarrée
et sans gêne; la forêt uniforme dont on
aperçoit au dessus des maisons les
masses sombres, du milieu desquelles
émergent les coupoles et les minarets
du Casino; le Grand-Hôtel qui élève
isolément, au milieu des embryons qui
l'entourent, ses bâtiments monumen-
taux; tout cela contribue à évoquer l'i-
dée de ces villes improvisées dans les
solitudes du FarWest américain par
des bandes d'actifs émigrants secondés
par des capitalistes entreprenants, et
où la spéculation n'a pas attendu pour
s'installer que la hache du squatter ait

fait la place nette et que les maisons
aient poussé comme il faut.

Rassasiés d'exotique et d'originalité,
nous descendons à la plage par l'un
des nombreux passages bordés de
cabines, qui mettent celle-ci en com-
munication avec la grande rue. Un
groupe de ces êtres hybrides, ni homme,
ni femme, ni même auvergnat, de ces
bipèdes disgracieux en pantalon-ju-
pon, en veste-corsage, en bonnet-cas-
que, dont les villes de bains ont la
désagréable spécialité, piaille et se tre-
mousse avec de grands éclats de rire
devant une de ces guérites dont la porte
baille aux passants. Le sable, qui nous
monte jusqu'aux chevilles, a assourdi
nos pas: on ne nous a ni entendus ni
aperçus... Quel mystère allons-nous
surprendre ? Actéon, sois-moi propice !... Encore deux enjambées et nous
y sommes...

A-atchi! un rayon de soleil, traîtreu-
sement braqué entre deux guérites, a
frappé mon compagnon d'un éternue-
ment foudroyant auquel une grande
clameur d'effroi a répondu. La porte
de la cabine a été rabattue avec pres-
tesse, et nous passons, penauds comme
le renard de La Fontaine, entre deux
rangs de poules — de poules d'eau —

qui chuchotent en étouffant des éclats de rire.

Ici, on ne se gêne mie et l'on a raison: où il y a de la gêne, il n'y a point de plaisir. On vient à Arcachon pour se baigner, et l'on se baigne; pour se mettre à l'aise et l'on en profite. Si vous voulez faire des études de modelé, libre à vous, les académies ne manquent pas : fumez votre pipe en foulant les festons de varech que le flot brode sur la plage, et ouvrez l'œil. Si, au contraire, vous partagez les scrupules de M. Tartufe, ne l'ouvrez pas ou regardez ailleurs : il y a des points de vue à foison. Mais le gynophobe n'est pas commun dans ces parages. Voici même deux braves curés qui frôlent, sans tirer leur mouchoir, des gorges aussi indiscrètes que celle de Dorine, des maillots plantureusement gonflés et de beaux bras bien ronds que le hâle a dorés. Bravo, curés ! une âme pure

N'est jamais si facile à la tentation
Et la chair n'y fait pas si grande impression.

— Pour le cap Ferré, messieurs ! la machine est en pression ; on part à l'instant !

Le steamer, l'unique steamer d'Arcachon, est gros comme un sabot. Son petit pont est déjà bondé d'excursionnnistes.

— Adieu vat! crie mon compagnon en sautant à bord.

Je le suis en maugréant. J'ai toujours eu de l'attachement pour le plancher des vaches.

Un coup de sifflet, et la *mouche* que nous avons enfourchée s'envole lestement au milieu de la flottille bariolée du sport nautique indigène. Nous faisons, pour nous dégager de ce fretin, un grand crochet qui nous permet d'apercevoir de loin l'île des Oiseaux, ainsi nommée sans doute parce que le gouvernement y élève des huîtres; puis nous revenons longer la côte, et Arcachon déroule sans fin devant nos yeux ses traînées de maisons, de cottages, de châlets, de villas éparpillés depuis le bord de l'eau jusqu'au milieu de la forêt. Le panorama, toujours empreint de ce calme qui en est l'un des plus grands attraits, est riant au possible. Et pas de houle, ce qui a bien aussi son charme.

Nous cinglons en pleine eau, la côte s'accroupit à l'horizon, les dernières maisons se cachent derrière un promontoire boisé. Une brise subite et un coup de tangage nous informent que nous sommes par le travers du goulet. Notre mouche manifeste un goût inattendu pour la polka... Hum !...

On stoppe... Que signifie? Le patron, qui est en même temps l'équipage et le mécanicien, disparaît précipitamment. On l'entend, dans le dessous se disputer avec le chauffeur. Le moment est bien choisi pour se colleter ! Je pousse le nez à l'écoutille et d'une voix de magistrat en vacances :

— Qu'y a-t-il donc, s'il vous plaît ?

— Ce n'est rien, monsieur ! C'est le coussinet de l'hélice qui vient de casser... On va mettre une ficelle.

Ah ! mon Dieu, c'est bien simple ! comme disait Brasseur. Voilà qui promet. Morbleu, c'est bien fait aussi : vieille bête, que diable allais-tu faire dans cette galère !

Pendant une demi-heure nous cherchons à tromper nos appréhensions en regardant passer les méduses, ces bonnets de coton d'Amphytrite. Hélas! nous passons aussi : les ancres ne brillent que par leur absence, et le courant entraîne à la dérive notre joujou détraqué.

Dans la cale, le marteau et la lime tapent et grincent à qui mieux mieux:

10

il paraît que le procédé à la ficelle n'a pas réussi. Et pendant ce temps-là, la polka s'accentue. Hum ! Hum !...

— Dites donc, patron ! si votre raccommodage ne tient pas, comment ferez-vous ?

— Eh, dam ! J'sais point !

— Avez-vous une chaloupe ?

— Pas la queue d'une.

— Des signaux ?

— Bon ! A quoi qu'ça servirait ? Y a personne pour les voir.

— Eh bien, alors ?

— Quoi donc, va bien que l'flot vient; nous irons toucher sur les *crassats* des Oiseaux... Essaye un coup, Cambuche !

Dieu soit béni! ça bat d'une nageoire. Nous avançons petitement vers le phare planté au loin sur cap Ferré comme une aiguille sur la pelotte d'une modiste. Nous sommes juste à mi-route. Mais la perspective d'une nouvelle traversée paraît amère aux passagers. Conciliabules. Révolte générale. Sommations respectueuses. L'insurrection triomphe : nous virons de bord, clopin-clopant.

Après une heure de cloche-patte maritime, la *mouche* nous expectore sur l'estacade...

Avec un bon serment que, si pour l'avenir
En pareille patraque on peut me retenir,
Je consens de grand cœur, pour punir ma folie,
Que tous les vins pour moi soient vins de Germanie,
Qu'à Lille le gibier manque tous les hivers
Et qu'à peine au mois d'août l'on mange des pois
                                                    [verts !

A bord de la *Guyenne*.

Pendant quatre jours nous avons
exploré en tout sens l'ex-capitale de
l'Aquitaine, qui fut pendant trois mois
la capitale de la France. Nous y avons
découvert des choses diverses : des quartiers superbes, d'autres très laids, des
rues longues comme des jours sans
pain, les unes brillantes, les autres
funèbres, des boulevards de grande
mine qu'on appelle ici des « cours »,
des promenades de premier ordre, un
théâtre qui était le plus beau de France
avant les exploits de M. Garnier, des
églises gothiques et enfin des ruines de
tout âge. Hier, nous avons poussé une
dernière reconnaissance vers la rue

Sainte-Catherine, le cours de l'Intendance, les allées de Tourny, le Jardin botanique, les Quinconces et l'Amphithéatre de Gallien; puis nous sommes revenus boucler nos valises et aligner nos écus. Présentement, le brûle-gueule aux dents, nous battons la semelle sur le pont d'un joli steamer qui broute son picotin de houille devant le quai, pour avoir de l'haleine jusqu'à Blaye et Royan.

Il est sept heures du matin, et nous grelottons, dans nos vêtements de toile, sous une brise marine qui contraste effrontément avec le sirocco de ces jours derniers. Des chaloupes et des remorqueurs sillonnent le courant rapide et terreux où l'on ne distinguerait pas une baleine entre deux eaux. Des forêts de mâts bordent les deux rives, comme des touffes de roseaux gigantesques. Au milieu du fleuve, une flottille de bâtiments à l'ancre forment une sorte d'île flottante : judicieuse précaution des capitaines en partance contre les « bordées » des équipages.

Voilà que les bagages s'amoncellent autour de la cheminée ; les passagers sont nombreux et variés. Des retardataires essoufflés trébuchent sur les amarres du quai. On retire le pont volant et l'on ferme la coupée; le capitaine monte sur sa passerelle; un coup de sifflet suivi d'un coup de cloche, un pataugement dans les tambours.... Nous sommes en route.

Le quai des Chartrons, le quartier des chais opulents et du grand commerce, défile sous nos yeux: ses maisons semblent courir l'une après l'autre vers l'horizon où la ville s'efface, derrière nous, dans la brume matinale. Puis, les constructions se dispersent, entremêlées de champs; Bordeaux n'est plus, dans le lointain, qu'un nuage confus que traversent quelques flèches blanchies par le soleil. Adieu, cité illustre qui vit naître Marie Brissart et Montesquieu, l'anisette surfine et l'*Esprit des Lois!*

Nous naviguons entre des rives basses que le remou inonde sur notre passage. Le pays de Médoc, où l'on prépare si proprement la purée septembrale, étale à perte de vue sa plaine ensoleillée dont les villages se révèlent çà et là par des pointes de clochers dans des bouquets d'arbres. Mais ceci n'est encore que le bas-Médoc; les coteaux fameux où poussent les pampres dont chaque grain est un louis d'or et chaque feuille un billet de banque, sont plus loin, devers Paulliac.

Nous avons compté déjà une demi-douzaine d'escales, où des batelets déta-chés de la rive sont venus danser dans notre sillage, juste le temps de rece-voir un sac de correspondances, un ou deux passagers, paysan ou chasseur ; le fleuve coule maintenant en une nappe immense dont nous rangeons la rive droite, et dont nous n'apercevons l'autre que comme une mince bor-dure sombre à l'horizon. Des jetées de pierres noyées par le flot, et que sur-monte une double rangée de balises, marquent le chenal. La nuit, quand brillent les yeux rouges de ces réver-bères aquatiques, la Gironde apparaît aux navigateurs comme le boulevard de Neptune.

Nous doublons un promontoire à fleur d'eau, qui nous sépare d'un se-cond fleuve, frère siamois du nôtre auquel il se soude par un confluent énorme : c'est la Dordogne, que nous avons vue, il y a deux mois, folâtrant, comme un espiègle en école buisson-nière, dans les vallons du Périgord. L'enfant a fièrement grandi. Nous sommes au Bec d'Ambez, où, pour ne pas faire de jaloux, la mère Géogra-phie a baptisé à neuf son phénomène : à partir d'ici, la Garonne-Dordogne s'appelle la Gironde. Des falaises de calcaire jaune bordent la rive nord ; quant à l'autre, elle a disparu : aussi loin que porte le regard, on ne voit que de l'eau. On se croirait sur un des fleuves géants du Nouveau-Monde ; c'est l'immensité du St-Laurent ou de l'Amazone.

Du milieu des eaux, surgit une manière de vol-au-vent grisâtre qui grossit à vue d'œil et que souligne bientôt un mince filet vert : c'est l'un des forts de Blaye, le «Pâté,» qui est élevé sur un îlot d'où il est censé commander la rivière. Nul doute qu'il ne la commandât du vivant de Louis XIV, mais j'ai idée qu'aujourd'hui une bonne canonnière ne ferait qu'une bouchée de ce Pâté-là. En face, sur la rive, apparaît un chef-d'œuvre de M. de Vauban, la célèbre citadelle de Blaye, qui, sans contredit, figurerait honorablement sous verre, au musée des Invalides. Cette curiosité archéologique est tout-à-fait remarquable : elle dresse au bord de l'eau ses murailles vertigineuses auxquelles des falaises à pic servent de fondations, et le développement et la complication de ses ouvrages l'élevaient certainement à la dignité de forteresse

imprenable à l'époque où l'on avait
la naïveté de faire exécuter par des
hommes la besogne des obus. Par
dessus les glacis, on aperçoit le fron-
ton de sa porte principale, où luit un
cadran d'horloge comme un œil au
front d'un cyclope.

La *Guyenne* vire de bord pour ac-
coster le débarcadère. Parmi les *fac-
cini* gascons qui ornent le ponton, je
jette mon dévolu sur un Alcide en
béret, auprès de qui ses confrères
semblent des avortons. Il s'agit d'avoir
l'œil aux bagages et de ne pas laisser nos malles s'en aller à Royan.
La gare est là, tout à côté ; avec des
poumons de bonne qualité, on pourrait
d'ici demander son billet.

— Hercule, mon ami, tu vas mani-
puler ces colis comme s'il s'agissait
d'une poignée de centaures : nous par-
tons par le premier train.

— Cadédis ! si cé n'est qué ça, j'ai lé
temps : lé prémier train part à cinq
heures.

Et il en est dix. Quatre cent vingt
minutes d'arrêt ! Nous aurons le loisir
de faire toute chose en conscience.

Blaye, sur la grève.

Ah ! le joli port de mer !

Ce qu'on intitule ici le port est une
espèce d'abreuvoir, au fond duquel le
reflux laisse une couche de limon
gluant où les immondices emmagasi-
nés par les habitants dans l'intervalle
de deux marées tracent un sillon malpropre. Trois ou quatre bateaux, le
ventre à nu, sont vautrés sur ce lit de
vase, comme des sauriens qui se chauf-
fent au soleil.

Quant à la ville, parlons-en... ou plutôt n'en parlons pas. Qu'il vous suffise
de savoir que le dentiste de l'endroit a
pour enseigne un chicot gros comme
le poing imprimé en blanc sur un fou-
lard rouge qui flotte au bout d'une
perche, semblable au drapeau d'une
tribu cannibale ; que l'invention des
trottoirs n'y a pas encore pénétré, et
que nous n'avons aperçu, dans le petit
écheveau embrouillé de ses rues étroites, âme qui vécut, hormis trois ou
quatre naturels accroupis et chuchot-
tant au fond d'une échoppe, lesquels
paraissaient délibérer sur les procédés
propres à capturer les hommes blancs
et gras égarés sur leurs rivages.

Cependant il doit y avoir dans ce

bout du monde des magistrats puisque
j'ai vu quelque chose comme un
Palais de Justice, des basochiens puisqu'il y a des juges, des plaideurs et
même des huîtres puisqu'il y a des
hommes de loi. Où diable tout cela
peut-il bien s'être niché pour le quart
d'heure ? Le prétoire est fermé et les
araignées seules y dévident leurs plai-
doyers, les maisons sont closes, et la
sous-préfecture paraît aussi vide que le
collège en vacances. Il faut croire qu'ici
l'on dort toute l'année, et qu'on ne se
réveille que pour les vendanges. C'est,
du reste, ce que les indigènes ont de
mieux à faire. Moi qui ne suis ici que
depuis quatre heures, je dors déjà ;
j'ai senti le sommeil me gagner aux
environs de l'église et je me suis hâté
de regagner la grève où je gîs présentement, sous les murailles de la citadelle, à l'endroit peut-être où quelque
gentilhomme chevaleresque rêva na-
guère aux moyens de délivrer la belle
duchesse de Berry... Moi, je ne rêve
pas encore, mais cela ne tardera mie.

Sur la ligne des Charentes.

A la queue d'une locomotive de ca-
ractère paisible, nous trottinons à travers la Saintonge, pays de noblesse,
de jacquerie, de méchant vin et d'illustre eau-de-vie appelée « fine Champa-
gne » par la raison qu'elle provient des
alentours de Cognac.

Jusqu'à Saint-Mariens, c'est-à-dire
pendant une heure, la contrée reste
plate et plantureuse : parcs touffus et
champs bien portants. Nous sommes
encore sur les alluvions de la Gironde.
A Saint-Mariens, on entre en forêt,—
une forêt de sapins clairsemée et peu
étendue ; puis la campagne s'ondule
en côteaux et en vallées modestes: c'est
maintenant la vraie Saintonge, où l'autorité de Bacchus et le culte de ses
pampres sacrés n'avaient jamais subi
d'atteinte avant l'invasion des hordes
américaines de S. M. Phylloxera, l'At-
tila, le fléau des ceps. Le paysage est
riant sans grandeur, comme la culture
y est productive sans exubérance,
comme les villages y sont agréables
sans pittoresque. C'est une femme qui
a la beauté du diable.

Seule, la station de Pons fait diver-
sion à cette monotonie. Pons est une

petite ville toute blanche et toute grâ-
cieuse, qui est blottie dans un bocage;
un antique château de proportions
colossales, résidence des anciens
seigneurs, la domine superbement.
C'est d'ici que part l'embranchement
de Royan, le grand bain de mer de la
Saintonge; voilà même le train qui
chauffe: les voitures sont à promenoir
extérieur, de sorte que les voyageurs
qui n'aiment pas à rester en boîte
comme les sardines, peuvent circuler
de la locomotive au fourgon, en fu-
mant leur cigare, — une innovation
que je me permets, moi, chétif, de recommander à LL. AA. les grandes
Compagnies.

Du pays de Cocagne.

C'est ici; je vous assure que c'est
ici. Ce pays fameux, célébré dans les
fabliaux du temps jadis, où toute
bonne chose est à foison et s'obtient
gratis; ce pays que des gens superfi-
ciels ont déclaré fabuleux faute de

l'avoir su découvrir, eh bien! je l'ai trouvé, moi, et c'est ici. Saintes, sa capitale, est une jolie ville de proportions domestiques, juste comme il faut pour ne pas verser dans la banalité : d'habitants, une douzaine de milliers, pas davantage. Un beau boulevard, ombragé d'ormes séculaires et bordé de boutiques brillantes, traverse de part en part son réseau de vieilles rues aux demeures vénérables : on dirait une farandole de jeunesses interrompant un menuet de douairières. Des esplanades confortablement ombreuses enferment dans une double ligne de verdure la Charente, qui sépare la ville de la gare ; puis, au-delà, la rivière traverse des paturages sans fin, presque aussi gras que ceux de Flandre. Il y a aussi de vieilles églises gothiques, avec des cryptes recommandables ; puis des antiquités romaines, entre autres un arc de triomphe qu'un ingénieur hurluberlu a retiré de dessus le pont où l'avait placé Vitruve, pour le déposer sur la rive, en reportant le pont plus loin, de sorte que le passant étonné se demande ce que ce géant de pierre, aux jambes écartées, peut bien faire là, pudiquement embusqué dans les arbres, au bord de l'eau déserte. Toutefois cette cacophonie nuit à peine au bien-être des yeux, dans cette estimable cité.

Quant à messire Gaster, rien n'altère ici sa béatitude, car toutes les choses savoureuses qui se mangent ou qui se boivent, qui se mâchent ou qui se hument se donnent quasi pour rien : viandes grasses à point, volailles dodues, gibiers fumeux, friands poissons d'eau douce et d'eau salée, onctueux laitages, légumes farineux et herbacés, fruits de toute sorte et de toute saison, vins de toute couleur, liqueurs de dessert et eau-de-vie contemporaine de Mathusalem... Sans compter que pour le prix d'une bicoque de chez nous on achète en ce pays un hôtel à seize quartiers de noblesse, avec des boiseries sculptées et des jardins à charmilles.

Là, maintenant dites-moi, une main sur la conscience et l'autre sur l'estomac, dites-moi si je me suis vanté en proclamant que j'ai comblé une lacune regrettable de la géographie et découvert ce pays de Cocagne vainement cherché jusqu'à ce jour ?

De Saintes à Angoulême.

Nous montons en chemin de fer avec l'humeur guillerette d'un vieux cheval qui sent son écurie. C'est notre dernière traite : nous retournons au pays sans débrider.

Cognac, dix minutes d'arrêt ! Gare importante; mais plus de pipes que de voyageurs. Aux environs, des côteaux indécents,

> .... Nus comme la main,
> Nus comme un plat d'argent, nus comme un mur
> [d'église,
> Nus comme le discours d'un académicien :

c'est la bande à Phylloxera qui les a détroussés de la sorte.

La nuit tombe sur la campagne et la tête vénérable d'un prélat, mon voisin de banquette, tombe sur mon épaule. Nous sommes au complet, et même plus qu'au complet si je tiens compte des volumes individuels. Chacun dort à sa manière. Pendant deux heures je reste le soutien de l'Eglise.

> Quel honneur !
> Quel bonheur !
> Ah ! trop heureux, Monseigneur,
> D'être votre humble serviteur !

Un firmament de becs de gaz entre ciel et terre : c'est Angoulême, sur sa côte perchée.

D'Angoulême à Paris.

. . . .

De Paris à Lille.

Eh bien, non, l'homme n'est pas fait pour vagabonder ! Et la preuve, c'est que le bon Dieu, qui s'y connaît, n'a pas trouvé, pour le mauvais juif, de pire châtiment qu'une condamnation au voyage à perpétuité. L'homme revient toujours à son foyer, et l'oiseau à son nid. Le nomade est un préjugé, puisque le bédouin ne quitte point le Sahara...

Allez trouver les peuples de Norwège,
Les Irlandais au dur labeur,
Les Esquimaux qu'ensevelit la neige,
Les noirs brûlés par l'équateur;
Demandez-leur quel est le coin de terre
Le plus indulgent à ses fils,
Le plus doux ciel, le climat salutaire;
Tous vous diront : « C'est mon pays ! »

Ah ! gentil poëte, mon très cher concitoyen, que tu as bien senti l'inaltérable amour du pays natal qui, en ce moment, agite mon cœur et trouble mes lunettes !

Après les péripéties d'une longue
expédition, revoir ses familiers, dîner
avec ses amis, retrouver dans sa maison proprette toute chose en sa place
et son confortable accoutumé, rentrer
du même coup dans ses habitudes et
dans sa robe de chambre !...

— Lille ! Tout le monde descend !!

Rêve des élus ! lune de miel ! heure
du berger ! moment délicieux ! On par-
tirait, rien que pour revenir...

*

Salle des bagages.

— Aïe ! Aïe ! Ouf ! Holàlà ! J'étouffe !
lachez donc !

Mon cou est comme enserré dans
les pinces d'un homard démesuré et
mon nez s'écrase sur une carapace ra-
raboteuse, pendant qu'un flot tiède dé-
trempe mon faux-col. C'est Catherine
qui célèbre mon retour. Mon fidèle
cordon-bleu est là, debout, devant moi,
muette d'émotion, l'excellente femme !

— Bonjour, bonjour, ma bonne amie.
Tout va bien ?

— Eh oui, donc, Seigneur Jésus !... sauf Minette, qui a été étranglée par Azor...

— Tiens !

— Et... et Azor qu'on a abattu, vu qu'il était enragé...

— Voilà qui est affligeant !

— Et la belle-sœur de Monsieur, qui a trépassé de son anévrisme...

— Oh !...

— Et la caisse à l'argenterie, qu'on a volée le lendemain du départ de Monsieur...

— Ah, mon Dieu !...

— Et les tuyaux d'eau, qui ont crevé pendant que j'étais chez nous, à la kermesse...

— Eh, morbleu ! dites de suite que tout est mort, noyé, fracassé, broyé, perdu, brûlé...

— Je n'osais point... mais puisque Monsieur le sait, je peux bien lui dire: la maison a brûlé hier, rapport au liquoriste d'à côté qui a commencé...

. . . .

Refrain d'un commissionnaire, à la cantonade :

Ah ! quel plaisir de parcourir le monde !
Ah ! qu'il est beau de voyager !

TABLE

TABLE

FIN DE LA TABLE

www.ingramcontent.com/pod-product-compliance
Lightning Source LLC
Chambersburg PA
CBHW050002100426
42739CB00011B/2477